日本語への文士の心構え

すぐれた文章を書くために

大久保房男

Art Days

日本語への文士の心構え●目次

第一章　日本語の乱れている現状

第二章　ある力によって変えられた日本語

第三章　なぜ日本語は乱れてきたのか

第四章　正しく、美しく、強い文章
――文士はどういう努力をして来たか

装幀／山本ミノ

第一章

日本語の乱れている現状

印刷物には間違いがないという信仰

日本の書籍や雑誌や新聞のほとんどは、当然のことながら、日本語で書いた文章を紙に印刷したものである。それを製作して販売するのが出版社や新聞社だが、もし間違った日本語の文章を印刷した書籍や雑誌や新聞を発行したら、出版社や新聞社は欠陥商品を売ったことになる。自動車の製造会社が欠陥商品を売ってしまったら、無料で修理するか、回収するか、部品を取り換えたりする。人命にかかわるからだ。出版物や新聞は人命にかかわる心配がないからいい、とは言っておられない。日本の文化に害を及ぼすことになるからだ。

出版物の少なかった戦前では、それがあふれている今日では想像できないほど、本は尊いものとして扱われていた。戦前の児童は教科書を先ずおしいただいてから読むように、先生からしつけられていた。私は大学生になってからでも本をおしいただいてから読まされたことがある。

昭和十七（一九四二）年、幸田露伴の弟の幸田成友先生に書誌学を教わった時に、先生は聴講する学生の中から四、五人を選び、自宅によんで下さって、厖大な書物をしまってある書庫の中から貴重な本を取り出して、見せて下さったことがあった。

指定の時間に先生のお宅に伺うと、奥様が湯の入った洗面器とタオルを私たちの前に出された。先生は私たちに、先ずそれで手を洗え、と言われた。手を洗うと、私が指名されて、君だけは書庫に入ってよい、と言われ、先生の指図で、シーボルトの大きな『日本植物図譜』や和綴じの『御湯殿の上の日記』などをみんなの前に運び出した。『御湯殿の上の日記』を最初に手にした学生が、胡座をかいたまま読もうとしたら、先生は、正座して読め、と言われた。彼は座りなおして正座し、読もうとしたら、先生は、おしいただいてから読め、と言われた。彼は、小学生が教科書をおしいただいてから読むようにして読んだ。次の学生も正座しておしいただいてから読んだ。私もそのようにして読んだのだ。

戦前では、どこの家庭でも、子供が本を跨いだりしたら、甚だしく不作法なことをしたとして、きつく叱られたものだ。出版物の少なかった戦前では、書物は貴重な物として扱われ、書物や雑誌や新聞に印刷された文章には、間違った文字や言葉などあるはずがないという信仰のようなものを、一般市民の多くが持っていた。出版物が氾濫している現代においても、その信仰がすっかりなくなったわけではない。書物に埋った生活をしている知識人にはないかもしれないが、書物と縁の薄い人ほどその信仰を持っている。私自身を顧ると、私にもその信仰が残っているのに気づくことがある。

先日、朝日新聞の社説に「テロに屈してはならぬというのは当り前のことだ。だが、世界を見渡すと、それですべてがひもとけるわけではない」とあった。「ひもとく」は、紐解く、即ち下紐をとくことであり、その外に蕾《つぼみ》が開く、という意味もある。もう一つの「ひもとく」は書物の帙《ちつ》の紐をとく、即ち帙から書物を取り出して読む、ということで、その場合は漢字では繙くと書き、読書することだと思っていたから、社説の「ひもとけるわけがない」をどう解してよいか迷った。

近頃の新聞のスポーツ欄には、首を傾げるような言葉がよく出ているが、まさか社説にはないだろうと思って、手許の小さな辞書で「ひもとく」を引いたが、社説で使っているような意味は出ていなかった。ところが先日、テレビでアナウンサーが、それではひもとけません、と疑問を解くという意味で言っていた。「ひもとく」という言葉の意味が、私の知らぬ間に移動していたか、拡がっていたのかもしれぬと不安になった。新聞の社説で間違った言葉を使うわけがないという信頼が私にあったのだ。例えば「檄を飛ばす」が私の知らぬ間に激励する意味として辞書に出ていたように、「ひもとく」も、解明するとか、疑問を解くという意味として容認され、辞書に出ているのかもしれぬと不安になって、他の辞書にも当ってみたが、そういう意味は出ていなかった。ところがそのすぐ後で、本の広告に「作り手の嘘を繙くと見えてくる、テレビ的『真実』の作られ方！」という惹句があった。

私は右に示した「ひもとく」はすべて誤用だと思うのだが、もし誤用なら、一般市民の信頼を裏切り、日本語を混乱させた罪は軽くないと思う。

文学者も間違った日本語を書くとは

昭和十年代の半ばには文学少年になっていた私は、海軍から復員して大学を卒え、昭和二十一（一九四六）年十月に創刊した文芸雑誌「群像」の広告を見て、その編集部に入り、二十年間その編集に携わった。その後の三十数年も、文芸の仕事に関わって来た。学生の頃は、すぐれた作品や新しい文学を掲載して、日本文学の向上に尽力するのが編集者の仕事だと思っていたが、その外に、正しい日本語を守るという重要な責務もあることを編集者になってから知った。

原稿を活字にするということがいかに責任の重い仕事であるかということを知ったのも、編集者になってからである。無名の新人の原稿を活字にして掲載することは、この作品は日本文学として水準に達した文学価値のあるものであり、正しい日本語で書かれているということを天下に公表することである。それがつまらぬ作品であったり、間違った日本語が使われておれば、世の文学を志す青年を惑わすことはもちろんのこと、文学を志していなくても、文学に関心のある多くの人々をも惑わすことになる。そういう場合には、今は見かけなくなったが、雑誌評や匿名批評で、編集者の見識を疑う、と書かれたものだ。

少年の頃から文芸作品を読み耽っていた私は、文学者の書いたものには間違った日本語があるなぞとはゆめにも思わなかった。文学者は正しい日本語で、美しい文章、力強い文章を書いているものとばかり思っていたのだ。そう思っていたのは私だけではあるまい。

私は慶應義塾に入って、折口信夫[*1]先生の教えを受けるために国文学科に進んだのだが、先生は二回目か三回目かの講義で、香具山、耳成山、畝傍山の大和三山の争いを講じていた時に、文士には言葉についての教養がありませんから、間違ったことを書きます、と言われたのでびっくりした。

萬葉集の中大兄皇子の歌の「高山波《かぐやまは》　雲根火雄男志等《うねびををしと》　耳梨與《みみなしと》　相諍競伎《あひあらそひき》……」の「雲根火雄男志等」を「畝傍雄雄しと」と解するか、「畝傍を愛《を》しと」と解するかによって、前者では、女である香具山が畝傍山を雄々しい男として見ており、後者では、男である香具山が女である畝傍山をいとしいと思っていることになる。古事記に、安寧天皇の御陵が「在畝火山之美富登《みほと》也」とあり、延喜式に「畝傍西南美富登《みほと》之挨宮陵」とある、ほととは女性の性器のことであるから、畝火山は女だ、という説が有力になった、しかし、ほととは女性に限らず、男性のものをいう場合もある、ほととは秀でているところのことだから、「波のほ」とは、波の一番高いところのことである、「ほ」に漢字を当てるならば「秀」とするのが適当だが、文士は新体詩などに「波の穂」と書いている、波の高いところが砕けて稲穂のようになっているからそう書いたのだろうが、文士は言葉についての教養がないから間違えてそう書くのだ、と折口先生が言われたのだ。

「日本近代文学辞典」[*2]に『日本文壇史』や『女性に関する十二章』の著者で、チャタレイ裁判でも有名な伊藤整氏の項に、氏の自筆の色紙が写真版で出ているが、それには

「白く崩れる波の穂を越えて漂ふ捨児」と書いてある。しかし、折口先生のような学者だから「波の穂」を誤りとするが、辞書で「なみのほ」を引くと「波の穂」とあって、波がしら、という説明がなされているから、学問的には誤りかもしれないが、一般的な常識としては誤りとするのは少し酷であろう。

それにしても、文学者の書いたものにも間違いがあると言った折口先生の言葉は、私には衝撃だったから、編集者になってからは、文学者の原稿に間違いはありはしないかという気持をいつも胸に潜ませて、丹念に読む癖がついてしまった。そんな読み方で読むと、確かに文学者の文章にも、間違った日本語や日本語としておかしいと思われるものがある。大体において、戦前に世に出た文学者には稀だけれど、戦後に成人して世に出た文学者には少なくない。

戦前に世に出た有名な文学者でも、言葉に関しては何でもよく知っているわけではない。私は高見順氏[*3]の日本ペンクラブにおける失敗談を聞いてそう思ったことがある。その失敗談というのは次のようなことだ。

終戦直後復活した日本ペンクラブは、昭和の時代になってから世に出たいわゆる昭和作家を中心にして活潑な活動をしていた。昭和二十年代の後半には、終戦後の極端な物資不足から抜け出し、やっと物が出まわって来て、ペンクラブの理事たちがいい浴衣を染めてくれるところがあるというので、みんなで浴衣をつくることになったようだ。私もそれを見せてもらったが、紺の縦縞の品のいい浴衣地だった。その浴衣地を、戦前にペンクラブの幹部として尽力して下さった明治、大正の作家に贈ろうということになった。浴衣地を丸めた反物の上に白い紙を巻き、下の方に日本ペンクラブと書いたが、上の方は何と書くべきか、ほんの心ばかりの贈物だから、寸志、と書こうという理事もいたけれど、寸志は目上の者が目下の者に贈る時に使うものだからまずいと言って、さてどうしようと考えているうちに、ある理事が、寸志はまずいのなら寸をとって志とすりゃいいじゃないかと言い出し、それがいいということになって、味のある字を書く詩人の草野心平[*4]理事が筆で志と書いて贈った。ところが志賀直哉氏のところへ届けたら、一体これは誰の香奠返しだ、と言われたので、香奠返しには志と書いてあるのを思い出したというのである。

　高見さんの話を聞いていて、寸志から寸の字をとって志だけにしたということを聞いていて、私のような物識らずでも、それでは香奠返しみたいになると思ったのだが、文学者がそれに気づかずに志と書いて贈ったというので、私は文学者でも案外物識らずのところもあるんだな、と思った。だから間違えた日本語を書くこともあるのだろうとその時思ったのだ。

戦後教育の荒廃がもたらしたもの

戦前に文壇に登場した文士から、昔の文壇は戦後と違って、文章や言葉については大変厳しかったという話をよく聞かされた。文芸作品は正しい日本語の文章で書かれるべきだから、それは当然のことだろうが、尾崎一雄[*5]氏は、文士は文章でメシを食ってるんだから、「言葉の間違いは絶対に許されなかった、と言って、「門前雀羅を張る」と書くべきところを間違えて、それとは逆の意味の「門前市をなす」と書いてしまったばっかりに、ただそれだけのことで有望な新人が文壇から消えてしまったんだからね、と言っていた。この話は、その後でも何人もの文士から聞かされた。

そんな厳しい文壇の中で揉まれて来た戦前の文士には、間違った日本語を見つけることは滅多になかった。戦後に文壇に出ても、戦前に教育を受けて成人した文学者には、間違いはほとんどなかったが、戦後に教育を受けた文学者には、年々間違いが多くなって来た。その原因は、アメリカが日本の教育制度をいじくったからだ、とか、日教組が労働運動に熱心で、子供の教育をないがしろにしたからだ、などとも言われたが、ともかく戦後は国語の教育を軽視し、漢文の授業時間もうんと減らしてしまったのが大きな原因ではあるまいか。昭和三十年代になってから、戦後教育の荒廃ということがよく言われるようになったが、日本語の間違いが文学界においても多くなったのは、確かに戦後教育の荒廃がもたらしたものであろう。

終戦後しばらくして、学徒兵の遺書や手紙などが出版され始めた頃、名もない兵士のものも印刷されて、多くの人々の目にふれたことがあった。その頃、小学校しか出ていない兵士の遺書や家族への手紙の立派な文章に、戦後の大学生が驚いていたということをよく耳にした。

私は昭和五十四(一九七九)年に俳人の上村占魚[*6]氏と南米に行き、占魚さんに、サンパウロで在留邦人と句会を開くのでつき合ってくれと言われて行ったら、何人かの邦人から読んでほしいと随想集のような冊子を渡された。その人たちのほとんどが昭和初年に移民としてブラジルに来た人たちだそうで、小学校しか出ていないようだったが、冊子の旧字体、旧かなづかいで印刷された文章は実にしっかりしたものであった。戦前の国語教育が戦後のそれと比べてしっかりしたものであったことをあらためて認識した。

　戦後は国語教育がおろそかにされたから、戦後の大学生は戦前の中学生よりも国語の力が劣っていると言われるが、それは少し大げさだと私は思っていた。しかし昭和三十年代の半ばと、昭和四十年代の半ばに、それぞれ五人ほどの大学生や大学を出たばかりの人たちと仕事をする機会があって、戦前の中学生なら誰でも知っているような成句や熟語を彼らが知らないのがわかり、驚いた。例えば「宋襄之仁」とか「天網恢恢」とか「暴虎馮河」などという熟語は、戦前の中学では二年生か三年生の時に漢文の時間に教わって、「君の勇気は暴虎馮河の勇だよ」などとすぐ使って得意になったりしたものだが、彼らは知らなかった。戦後の学校では漢文の時間が極《ご》わずかになってしまって、そんな言葉は教えなくなってしまったから、大学生になっても知らないのは止むを得ないのだろうが。

　私は新入社員に、君たちは日本語のボキャブラリーが乏しく、それに間違った言葉をよく書く、と言ったら、戦前からある国立大学を出た新入社員がある作家の文章を私に見せて、私が口うるさく言うけれど、この明治生れの作家でもこんな間違いを書いている、と言って指で示したのが「抜本的」という言葉だった。その文章の中では、抜本的という言葉がぴったり納まっていて、少しも変ではないので、君ならどう書くのか、と言ったら、「根本的」と言った。大学を出て抜本的という言葉を知らないのには驚いた。彼は抜本的という言葉を初めて目にしたらしい。われわれは学者ではないし、何でも知っているわけではないから、おかしいと思ったらすぐ辞書を引く習慣をつけなけりゃいかん、と言ってやったのだが、この時、戦後の学生に辞書を引く習慣もあまりないことがわかった。

おかしな文章を嗅ぎわける感覚

編集者は正しい日本語を守る責務があると言っても、文学者より深く広い日本語についての知識があるわけではない。編集者はすべて国文科を出ているわけでもなく、出ていても、すべて国語を一所懸命勉強して来た者ばかりではない。国文科よりも仏文科や英文科を出た者の方が多いくらいだし、経済学部や法学部を出た文芸編集者もいる。そういう編集者が文学者の文章につべこべ言うのは僭越至極だけれど、出版物に間違った日本語を載せないようにしようという強い職業意識を持って原稿を読んでいると、この日本語はおかしいんじゃないかと嗅ぎつける嗅覚のようなものが養われて来る。例えば、「彼には欠点が乏しい」という文章を見ると、この文章がなんとなくおかしいと嗅覚が働く。それで辞書を引くと、「乏しい」は「少ない」と同じような意味の言葉として扱われている。「彼には欠点が少ない」と言ってみると、乏しいに引っかかったようなものがない。そこで、「乏しい」と「少ない」とは同じ意味だけれど、同じ使い方をしてはならないことがなんとなくわかる。「乏しい」とか「足りない」は、人間にとってプラスになるものにしか使えないが、「少ない」はプラスのものにもマイナスのものにも使えるのだ。「この町には犯罪が少ない」というのはおかしくないが、「この町には犯罪が乏しい」とは言わない。「犯罪が足りない」とも言わない。長年文学者のすぐれた文章を読んでいると、辞書には書いていない言葉の使い方の正しいか否かを識別する力がついて来るのだ。

近頃、設立するとか創立するという言葉に近い意味で「立ち上げる」という言葉が盛んに使われている。「浮び上げる」というのがおかしいように、自動詞と他動詞を複合動詞としているからおかしいといったような説があるようだが、私などは文章を読んでいて、初めて「立ち上げる」という言葉を目にした時には、食べていたものに異物が混じっていたような不快を覚えた。「生きざま」という言葉を耳にした時も同じような不快感があった。文学者の正しい日本語で書かれた美しく、強い文章を年中読んでいると、変な言葉には先ず不快を覚えるようになった。

私が初めて「生きざま」という言葉を活字で目にしたのは、中島健蔵氏[*7]の『昭和時代』でだったように思う。中島さんは、「生きざま」という言葉が日本語にないことを承知の上で、「死にざま」という言葉に対してわざと「生きざま」という言葉を使っていることが読みとれたから、その時は違和感がなかった。

食事が粗末で、いつも腹をへらしていた海軍予備学生の時に、親しい仲間五人で饅頭のような甘い菓子を誰かから貰って食べたことがある。菓子なぞないあの時代にそんな菓子になぜありつけたのか忘れたが、われわれ五人が菓子の盛られた器を中にして、平等に食べることを頭においていくつか食べたら、一つだけ残った。その一つを、じゃんけんによって食べる者を決めるしかないと誰もが思っていたら、仲間の一人が、これは分けようがない、と言ってそれをつまみ、口にほうり込んでしまった。みな呆気にとられていたが、私は彼に、貴様は実に見上げ果てた奴だなあ、と言ったらみな笑った。見上げ果てる、などという日本語はないけれど、そうとしか言いようがない気がして思わず私の口から出たのだ。アメリカの旅客機を乗っ取って、世界貿易センタービルに突っ込んだ同時多発テロをテレビで見た時、見上げ果てた連中だ、と六十年前に口から飛び出した言葉が頭に浮んだ。自分も正しくない「見上げ果てた」という日本語を口にした癖に「生きざま」だの「立ち上げる」だのという言葉が耳障りなのは、私は間違いを承知の上で、わざと使ったが、これらの言葉は正しくない日本語を、正しい日本語として堂々と使っているからではないか。

編集者は言葉を扱う職人

譬《たとえ》が適切でないかもしれないが、ずっと上質の粉を使っている菓子職人が、粉を握っただけで、変な混りものがあったりすると、顕微鏡で調べたり、科学的な分析をしたりせずとも、掌の感覚だけですぐわかるというのと同じように、編集者は学者ではないけれど、長年にわたって数多くのすぐれた文芸作品を読んでいると、日本語としておかしい言葉は神経にさわり、感覚的におかしいと識別するようになるのではないだろうか。

編集者は日本語を材料にして出版物を製造している職人である。古い編集者と若い編集者との間には、年季の入った職人と見習職人との差のようなものがある。正しい日本語を守る責務を自覚するその強さの差によっても、編集者の成長に差が出て来る。私が編集者であった終戦直後の二十年間より、それからの時代は編集者の日本語を守るという責務の自覚が薄れて来たように思われるのだが、後輩の編集者から聞いたところによると、それは文学者のせいでもあるらしいのだ。

昭和三十年代に入ると、高度経済成長の波に乗って、出版社の規模が急速に大きくなり、それにともなって、出版社の文化意識よりも企業意識の方が強くなった。売れる出版に熱心になり、部数の多く出る作家には、出版社は大変気を遣うようになって、機嫌をそこねないように何でも言うことを聞き、文章の誤りもあまり指摘しなくなったのだという。

昭和三十四（一九五九）年に、週刊誌時代の到来と言われた頃から、出版物におかしな日本語がよく目につくようになった。私は昭和四十一（一九六六）年に雑誌の編集現場から退いたのだが、その頃から、週刊誌ばかりでなく、文芸雑誌にも変な日本語があらわれ始めた。私はかねてから歴史の古い文芸雑誌には誤植のないことに感心していたのだが、その頃、その雑誌にも誤植が目につくようになった。その雑誌の私と同学の後輩にそのことを言うと、それは誤植ではないんです、言い訳ととられるかもしれませんが、校正の力が落ちたわけでもなく、編集者が見落したのでもなく、作家が自分の文章について誤りを指摘されると、不快な顔して、時には原稿を他の出版社に持って行ってしまうから、何も言わなくなったんです、と言った。例えば、アイニクを「相憎」と書いてあるから、「生憎」と直すとか、「戸絶える」を「跡絶える」と直したりすると、それは自分の感覚でそう書いているのだから、そのままにしておくようにと言うのだそうである。原稿の誤った日本語や表記のおかしなところに鉛筆で印をつけて、作者に手を入れてほしいと編集者が言うのは昔からやっていることだから、そうしたところ、ある作家が、社長に電話して来て、おたくの編集者は原稿に文句をつけて不愉快だから、おたくには書かない、と言って来たことがある、と言うのだ。そんな話は信じることが出来なかった。人間は誰でも思いちがいをしていることもあるし、ついうっかり書きちがえることもあるから、それを編集者がチェックしてくれれば、作家にとってはまことに有難いことではないか、と私は思うのだが、そうではないらしい。私の後を継いだ編集者たちも、あなたがしていたようなことをしていたら、今では一枚の原稿も入りませんよ、と言うのだ。先輩のように、誤った日本語を掲載したら、それは編集者の越度《おちど》になるからと、作者にうるさいこと言っていたら、原稿や版権をよそに持って行きますよ、とも言った。

文学者などの気になる日本語

戦後育ちの文学者には、古い成句や熟語の誤りが多い。それを戦後教育の荒廃のせいにする人はあるが、それは確かにそうだろうけれど、終戦直後は戦前のものはすべて否定する傾向が強く、日本の古い文化を葬り去ろうとする風潮があり、古い成句や熟語を会話にも文章にもあまり使わなくなったからだろう。そのため、日常使っていない成句を、たまたま戦前のものを読んで覚え、正確に記憶しておればよいが、空覚《うろおぼ》えのまま使ってしまうから間違ってしまうのだろう。古い成句や熟語は、戦前の人にとっては実用品のようなもので、始終使っていたから間違うことはないが、戦後の人には文章の上の知的装飾品に近くなっているため、無理してたまに使うから間違ってしまうのではあるまいか。

しかし、昔から使われていて、戦後もよく使っているのに、私には間違って使われているとしか思えない言葉もある。例えば「一歩譲って」などという言葉は始終使われているのに「百歩譲って」と書いている人がかなりいる。若い人だけでなく、高名な作家も、高名な学者も「百歩譲って」と書いている。

私と親しいある作家が「百歩譲って考えても」と書いていたので、「一歩譲って」ではないですか、と言ったところ、「一歩譲って」という言い方を知らなくて、ずっと「百歩譲って」と書いて来た、と言った。それに文句をつけたのはあなたが初めてだ、誰でも「百歩譲って」と書いていますよ、一歩やそこら譲ったのでは、大して譲ったことにはならないから、みな「百歩譲って」と書くのではないだろうか、と言うのだ。言葉の間違った使い方について書いている学者の文章の中にも「百歩譲って」が出て来たから、自信がなくなって辞書に当ったら、「一歩譲って」はあったが「百歩譲って」はなかった。

自分の主張や意見をちょっと遠慮して、相手を立てて考えても、それでも自分の方が当を得ているという時に「一歩譲って」というのだから、百歩も譲っても私の方が正しいと言うのでは、相手の言うことはまるで暴論だと言わんばかりで、大変失礼な言葉のように私には思われる。近松秋江[*8]の『黒髪』に、「百歩も千歩も譲って考えても」とあるが、これは世間ではよく「一歩譲って」というけれど、自分は百歩も千歩も譲って考えても、自分の方が正しい、と自分の正しさを強調するために使ったものであって、間違えて使っているわけではない。

私より若い親しい作家の原稿に「一天俄に晴れ上る」とあったのを見て、思わず声をあげて笑ってしまった。その作家に、これはおかしいのではないか、と言ったところ、台風一過、今まで黒い雲に覆われていた空が、さっと晴れ上ったのを書いたのだ、と言った。「一天俄にかき曇る」という成句があるから、読者は「一天俄に」と来れば「かき曇る」と続くのを予想しているところへ、その逆の「晴れ上る」と来たからおかしさを感じるのではあるまいか、と私は言ったのだけれど、一天俄に晴れ上ることもあるのだから、この文章は別に文法的に間違っているわけではないし、これを書き直した方がいい、と言うことがためらわれた。

私はこの言葉のことを慶應の先輩である評論家の山本健吉氏*9に話していて、「一天俄に晴れ上る」と言った途端に、山本さんは声をあげて笑った。後で山本さんが、私小説の代表的な作家である上林暁氏*10にこの話をして、「一天俄に晴れ上る」と言ったら、上林さんもそこで大笑いをしたということを山本さんが言っていた。私だけでなく、やはりこの言葉は誰にでもおかしさを感じさせることがわかった。

私は三代目の三遊亭金馬のベースボールの話を思い出した。金馬は野球と言わずにベースボールと言っていたが、ベースボールの方が野球より古い感じがして、落語の中では納まりがよかった。私が聴いたのはテレビのない頃だったから、ラジオの実況放送でやるのだ。

「ピッチャー投げました。打ちました。矢のような速いゴロ。ショート前進、捕《と》って一塁へ、いい球、セーフ」

セーフと言ったとたん、客はどっと笑う。放送された状況では必ずアウトになると客が予想しているところへ、セーフ、と来るからその意外性か、あるいははぐらかされたところが客にはおかしいのだと思う。その話をしたら、作家は納得したのか、その表現を変えた。

政治家の議論はよくテレビで放送されるから、文学者の文章に劣らず影響力があると思う。「早急」はソウキュウともサッキュウとも読むが、私が学生の頃は、サッキュウと言う人が多く、私もサッキュウと言って、ソウキュウと言ったことがなかった。今もサッキュウと言っている。テレビで与野党の論戦を聴いていると、与野党の議員ともどもソウキュウと言って、サッキュウと言う議員はほとんどいない。サッは早の慣用音だから、ソウキュウの方が正しいのだろう。しかしNHKのアナウンサーはサッキュウと言っている。正しい読み方のソウキュウよりは、日本語としては慣用読みのサッキュウの方が長く広く使われているから、NHKはそれを使うことにしたのだろうか。

　元の民主党党首がタニンゴトという言葉をよく口にした。それが私にはどうも気になった。ヒトゴトを漢字で人事と書くとジンジと読む人があるから、他人事と書くようになったのだと思うが、他人事と書いても、誰もがヒトゴトと読んでいた。「たにんごと」という言葉は戦前の「廣辭林」にはもちろんのこと、昭和五十六（一九八一）年発行の「広辞苑」にも出ていないし、「ひとごと」は漢字で人事と出ていて、他人事はない。ところが近頃の辞書には「ひとごと」の説明の漢字に人事も他人事も出ている。「たにんごと」という項目もある。以前には他人事と書いてヒトゴトと読まずにタニンゴトと読むのは間違いとされていたが、今では辞書に出ているから、野党党首が間違っているとは言えなくなった。しかし私にはどうも耳障りである。

　ある作家が「たそがれの陽光が降り注ぐ湖を彼は舟で渡って行った」と書いていた。「黄昏の陽が格子戸から斜に差していた」という時代小説もあった。たそがれは「誰《タ》そ彼《カレ》」だから、陽光が降り注いでいたら、彼は誰だかよくわかるのではないか。辞書には「たそがれ」の説明に夕方と書いてある。陽が沈んでから夕方になるのか、陽が西に傾いているが、まだ地平線の上に見えている時でも夕方というのか、いずれにしても陽光が降り注ぐというのは「誰《タ》そ彼《カレ》」の感じではない。文章としてはおかしい。

オオゼイを多勢と書く文学者が少なからずいる。そう書く作家の一人にオオゼイは大勢と書いて、多勢とは書かない、と言ったところ、大勢はタイセイと読まれてしまうから、多勢と書くのだ、と言っていた。多勢はタゼイで、オオゼイとは読まないけれど、その作家は依然として多勢と書いている。

日本語の乱れの始まり

日本語の乱れが特に目につき出したのは、昭和三十年代の半ば頃からである。

今の天皇が皇太子の時に、正田美智子さんとの恋愛や結婚がマスコミの一大関心事になり、その御成婚式を期して大手出版社がこぞって週刊誌を創刊した。それ以前に新潮社から「週刊新潮」が出ていた。速くニュースを届けられる機構を持っている新聞社でなければ発行出来ないと思われていた週刊誌を、出版社が出しても成功はすまいと思われていたのに、「週刊新潮」の成功を見て、日本の国家的行事である皇太子の御成婚式を期し、大手出版社が一斉に週刊誌の創刊に踏み切ったのだ。

数多くの週刊誌が一度に創刊されたことによって、それの記事の書き手の需要が急激に増えた。その書き手として新聞記者や文学志望者も加わった。新聞記者には記事の書き方の訓練がなされているであろうし、文学志望者は同人雑誌などで互いに文章の練磨が行われていただろうが、一挙に増えた週刊誌の記事の書き手には、訓練がなされていない者も加わることになった。その結果、間違った日本語やおかしな表現が活字になって日本中にばらまかれた。

私は女性週刊誌をほとんど読んだことがないから、実例をあげるわけにはいかないが、女性週刊誌の記者はムードによって造語して書く、と当時言われていた。造語は一切いけないというわけではないが、本来の意味と違う漢字で造語することは許されない。勝手な造語や勝手な解釈による言葉の使用が一部週刊誌やスポーツ紙にしばしばあらわれるようになって、その頃から日本語の乱れが日本中に拡がったような気がする。

「激写」という造語を初めて見た時には、少し戸惑ったが、文脈によってその意味は諒解出来た。それが定着したようだが、その言葉から派生して「激安」という言葉が出て来た。最近は「激写」の方は目にしなくなったが「激安」の方は古くからある「大安売り」を駆逐して、ちらしの広告でよく見かけるようになった。造語も言葉の意味を勝手に解釈せずに、うまく造れば定着するのである。

一字を直すために来社した西脇順三郎氏

日本語の乱れが国中に拡がったために、以前は間違った言葉を使ってしまうとひどく恥じ入ったものだが、今では正しい日本語を使うのが絶対の条件のように考えていた文学者の間でも、大して気にしなくなっているように、私には思われてならない。戦前に世に出て、戦後文壇の大物になった作家が若い頃、歪曲をヒキョクと言ったとか、別の大物作家が若い頃に、白皙をハクテツと言ったというようなことを、戦前に文壇に出た作家がよく聞かせてくれた。昔の文壇では、漢字の訓みを間違えてさえいつまでも話題にされたということは、文壇が言葉に対していかにうるさいところであったかということを物語っている。文壇では、日本語を間違えて使うということが滅多になかったという証でもあろう。

昭和二十七（一九五二）年に、西脇順三郎*11氏に「冬の日」という詩の原稿をいただいた。それを印刷所へ送る状態にしていたら、翌朝早く西脇さんが訪ねて来て、原稿を見せてくれ、と言った。お見せすると、一字だけ訂正してすぐ帰って行った。当時の朝のラッシュ時の電車は大変な混みようだったが、そんな中を、わざわざ一時間近くもかけて訪ねて来られなくても、電話で言って下さればいいのに、と私は思ったが、自分で直さないと気がすまない様子だった。

その頃、戦後の芥川賞を受賞した作家の原稿に二字分の空白があって、その空白に片仮名のルビがふってあり、漢字が思い出せないので埋めておいて下さい、と註記してあった。辞書を引けばいいのにと思ったけれど、手許になかったのかもしれないが、それにしても、漢語には同音異義のものがいくつもあるから、作者の頭にある漢語と違う漢語をこちらが埋めてしまうこともあり得るのに、横着なことだ、と思った。西脇さんとこの作家のことは、戦前の文学者と戦後の文学者の言葉や文章に対する態度の違いをよくあらわしている。

十年ほど前、芥川賞受賞作品の文章が実にひどい、と言って電話をかけて来た新聞記者から、その作品についての感想を求められたことがあった。私は読んでなかったからそう答えると、彼がひどい文章の例にあげたのが「檄を飛ばす」という言葉だった。それを激励の意味に使っていると言って、その言葉の出ているところを読み上げたから、なるほどひどいねえ、と私も言ったのだ。電話を切った後で、念のため三種類の辞書を引いたら、一番新しい発行のに、人々を奮い立たせるようにする、という説明が従来の意味の最後に出ていた。私は長い間「檄を飛ばす」にそんな意味のあることを知らずにいたことを、一瞬恥ずかしく思ったが、どうも腑に落ちないので、その後いくつかの辞書に当ったら、激励の意味に使うのは誤り、としてあるのもあった。それで安心した。

その後、「檄を飛ばす」に注意していると、新聞のスポーツ欄やスポーツ紙にそれがよく出ていることがわかった。私はスポーツ紙を読む習慣がないが、電車の中で読んでいる人のをちらっと覗いたら、一面に大きな字でその言葉が出ていたことがあった。監督がチームの者に、ハッパをかけた、と昔なら書きそうなところにその言葉があった。スポーツ記者には、「ハッパをかけた」よりも「檄を飛ばした」の方が上品らしいから使ったのか、あるいは檄を激と間違え、激励を飛ばしたとでも解したのかもしれない。週刊誌やスポーツ紙はセンセーショナルな文句で読者の目を引こうとする傾向が強いから、正しい意味で使うことよりも、読者の目を惹きつけそうな文字面でその言葉を用いたのかもしれない。しかしそれは無知から出たことだ。

「檄を飛ばす」などという古い言葉は、戦前でも中学生が漢文の時間に教わって、教養として知っているが、その言葉を使って文章を書くことは滅多になかっただろうし、新聞や雑誌などでも目にすることはなかっただろう。それが二十年ほど前からスポーツ記事の中に突然間違えて使われ出した。戦後の若い人たちは、その言葉をスポーツ紙で初めて目にしたのではあるまいか。だから正しい意味は知らずに、間違った意味でその言葉を知ったから、それを使う場合には間違った意味で使っているのだ。その間違った使い方が世の中に拡がり、多くの人が使っているから、これは日本語として通用しているということで、辞書もそれを収録したのだろう。つまり辞書が無知に荷担したのだ。辞書に収録されると、これはもう正しい日本語として承認されたことになり、文芸作品にまで使われて、芥川賞をとることになったのだ。

檄は木札に書いた徴召とか説諭の文書で、檄を飛ばすとは、自分の考えを述べた文書を広く配り、衆人に同意を求めるとか、それで人々を大急ぎで集めるというようなことで、そういう本来の意味よりは、今では激励の意味と思っている人の方が圧倒的に多いに違いない。

文学者の乱れた日本語の実例

私が、近頃の日本語の乱れについて、具体的な例をあげて話してくれ、とあるところから頼まれたのは、今から三十年も前である。その時、文芸雑誌の仕事をしていた時に目にした誤った言葉と、校正部員がメモしておいたものとを具体的な例としてあげて話した。文芸作品においてさえ日本語が乱れていると抽象的に言っても、現実を目にしないと正しい認識が得られないだろうから、その時あげた例の外に、その後文芸作品を読んでいて、これはおかしいと思ったものを加えて、それらについて説明することにする。「流れに棹《さお》さす」を流れに逆らうと解したり、「情は人のためならず」を情をかけるとかえってその人のためにならないから、情をかけない方がよい、という意味に使ったりする誤用などを集めた本は、最近何種類も出ているから、そういう本に載っていないもので、小説やエッセイに出て来たもののみを列挙する。それで日本語の乱れている現況をわかっていただきたい。

編集者は、誤った言葉を掲載しないようにという心掛けだけで原稿を読むわけではなく、第一にはその原稿は掲載の価値あるものか、おもしろいけれどもそれが通俗的なおもしろさではないか、などといったことや、その他いろいろのことを頭において読むのだが、一般読者の多くは文芸作品をたのしむために読むのだろうから、これからあげる言葉の誤りに気づかずに読み過してしまったものがあるかもしれない。

「馬脚を出す」 出すも露《あら》わすも意味に大して違いはないが、熟語としては、馬脚は「露《あら》わす」と言って「出す」とは言わない。「あらわす」を「現す」と書いた辞書もあるが、漢字で書く場合は「露わす」とすべきではあるまいか。

「白羽の矢を向けた」 白羽の矢が立つとは、これは神のものだということを示すことである。それは多くの中から選ばれて、犠牲になるという望ましくない場合に使われることが多かったが、今では、才能や見識を認められて、重要な仕事を任されるといったような良い場合に使われることが多くなった。いずれにしても、「白羽の矢を向ける」ではなく「白羽の矢が立つ」である。

「札片《さつびら》を撒く」 惜しげもなく金を使うところに、札片を撒く、とあった。それなら、札片を切る、であろう。

「溜飲を晴らす」　胃に食物がたまって酸っぱいおくびが生ずるのを溜飲と言い、それが下がればすっきりと気が晴れるだろうが、そういう状態になることを「溜飲が下がる」という。晴れるのは溜飲が下がった結果である。

「目頭をしばたたく」　目頭はしばたたけない。「目頭を押える」とか「目頭が熱くなる」と言おうとしたのだと思われる。

「古式豊《ゆたか》に」　靖国神社の例大祭の様子をテレビのない時代には、古式豊にとり行われた、とラジオでアナウンサーが言っていたのが私の耳に残っている。それを折口門下の池田弥三郎氏[*12]が、古式ゆかしく、と言うべきだと言ったために、今では古式ゆかしく、と言うようになったと聞いている。しかし、辞書には、古い時代のやり方でのんびりと行われるのを「古式豊に」と言うとして、それを誤りとはしないものもあるが、その説には無理があって、すっきりと頭に納まらない。

池田さんの名を出したのでついでに言えば、池田さんは流行歌にもおかしな日本語があると指摘していた。戦前の流行歌の「影を慕ひて」の中の「月に遣る瀬ぬわが想ひ」の歌詞が「遣るせない想ひ」ならいいが、「遣る瀬ぬ想ひ」という言い方は日本語にはない、と言っていた。マドロスの出て来る流行歌の「パイプくわえて口笛吹けば」という歌詞にも、パイプくわえては口笛は吹けない、と池田さんは言っていたが、同じようなことがある作家の小説にあった。

「今日は汚い蛆虫も、明日は美しい蝶となって空に舞う」とあったが、蛆虫は蝶にはならない。これは言葉の間違いというよりは、昆虫についての知識の誤りである。

「睡魔の中で考えた」睡魔に襲われて、うつらうつらしながら考えた、というつもりらしいが、睡魔の中で考えたという言い方はおかしい。

「深いまどろみの底から」深い微睡《まどろみ》があるのなら、浅い熟睡というのもあるみたいだ。

「自前を切る」「身銭を切る」とか「自腹を切る」とか「自前でやる」とは言うけれど、「自前を切る」という言い方はない。

「自前を投げうって」これも「私財を投げうって」に「自前でやる」の影がさした間違いのようで、こういう言い方は日本語にはない。

「胆に据えかねる」「肚《はら》に据えかねる」と「胆《きも》に銘じる」とが癒着したのか、あるいは単に肚を胆と間違えただけなのか。

「よくもわしの名に泥を塗ったな」これも「顔に泥を塗る」と「名を穢《けが》す」とが頭の

中で混じり合ったものかと思われる。

「おれの箔が下がる」　「箔が落ちる」か「箔がはげる」と「格が下がる」が合体したものらしい。

「おへそを抱えて笑う」　よほど大きな出臍でないと無理なことで、「おへそが茶を沸かす」と「腹を抱えて笑う」が合体したものらしい。

「足音も軽くタラップを降りて来た」　足音を重いとか軽いとか感じる人もあるだろうから、これを間違いとは言えないだろうが、私たちのような古い編集者は「足取りも軽く」を間違えたのではあるまいかと考えてしまう。これは戦後の女性の流行作家の文章にあった。読者は何の抵抗もなく読み過してしまったかもしれないが、私たちは、足音ではなく足取りではないかとそこに鉛筆で印をつけて、作者に訊いてみる。

「出足を挫《くじ》かれた」　足を挫いたなどということをよく聞くから、「出鼻を挫く」よりも「出足を挫く」の方が適切な表現と思ったのかもしれないが、出足ではなく、でばな、である。「でばな」は「出鼻」ではなく「出端」である。

「眠りばなを起こされた」　眠りばなという言葉はあってもよさそうだが、ない。「寝入りばなを起こされた」である。

「まるで蜂の巣の引越しのような騒ぎ」 蜂の巣の引越しというのを見たことはないが、昔からの言い方の「蜂の巣をつついたような騒ぎ」の方が騒ぎの様子がよくわかる。

「雨後の茸のように」 雨後には茸がよく出るけれど、昔からの言い方の、「雨後の筍」を茸に変えてもいい表現とも、新鮮味が出るとも思えない。筍と茸の単純な間違いかもしれない。

「借金の返済に毎月一万円ずつ月給から棒引きされた」 天引きであって、棒引きでは意味が違う。

「自分のことを棚上げして言えば」 これは児童文学賞の選者の評にあったが、この場合は「棚に上げて」であって、一時保留の意味の「棚上げ」では文脈の上から適切ではなかった。

「口をかけたが起きて来ない」 「口をかける」はわたりをつけるとか、連絡をつけるという意味だから、「声をかけた」である。

「一日中坐りづくめだったから足が痛い」 これは小説のうまいことで戦後作家の中でも一、二をあらそう作家の原稿の中に出て来た。間違った言葉などは絶対に使わないし、文章もうまいことで有名な作家でも、時には書き誤ることがあるという例としてここにあげた。第三の新人と言われた作家諸氏と私、とりわけ遠藤周作[*13]氏と私にまことに熱心に悪戯をしかけて来た梅崎春生[*14]氏がその作家である。梅崎さんは悪戯をしかけることについては時間と労力を惜しまぬ人だった。もちろん遠藤君も私もしばしば反撃に出た。私が「坐りづくめ」というのはおかしい、と言った時に、梅崎さんは書きそこねたことに直ぐ気がついたのが私にはわかったが、日頃からの悪戯相手である私の言うことを聞くのが癪だから、それはちっともおかしくないと言い張った。づくめは尽くめで、結構づくめの暮しとか、黒づくめの装束などと名詞にはつくが、走りづめとか立ちづめとは言っても、走りづくめだの、立ちづくめなどと、づくめは動詞にはつかない、「坐りづめ」とすべきですと言って、梅崎さんは東大の国文科出だから、東大の国文では変な日本語を教えるんですね、とここぞとばかり攻めたてたら、最後には、僕の生れた九州では「坐りづくめ」と言う、と頑張った。しかし、本になった時には「坐りづめ」になっていた。働きづめを、働きづくめなどと書いている誤りは意外に多い。梅崎さんのような作家でもつい書いてしまうのだから。

「恋の手ほどきを教える」　手ほどきには教えるという意味があるのだから「恋の手ほどきをする」でいいわけで、このような間違いは戦前の作家にはないが、戦後の作家の作品によく出て来るようになった。同じような例をあげると、「二十年来この方」「わたくしの私見」「もう一度再検討する」などがある。李恢成氏に『またふたたびの道』というタイトルの作品があるが、またとふたたびが重複することに首を傾げる作家がいた。

「春一番の強風が吹き荒れた」 戦後の文壇の大変偉い作家の作品に出て来たが、春一番は冬の終り頃に初めて吹く強い南風のことだから、「春一番が吹き荒れた」でよく、強風は不要であろう。

先にも述べたように、戦後生れの作家には古い成句や熟語に誤りが少なくなく、その例をあげると、

「命、夕暮れに迫る」 言わんとするところはわからないではないが、「命旦夕に在り」という熟語を知っている者にはおかしい。

「死生の間に迷う」 これも似たようなもので、「生死の間をさまよう」と言うつもりだったのではあるまいか。

「言葉に衣着せずして言えば」 これは春一番の強風と書いた作家の文章にあったが、あからさまな言い方を敢《あ》えてすることをこのように表現しても、それは作家の自由だが、

「歯に衣着せずして言えば」という言い方があるから、おかしく見える。

「……と言った言葉も乾かぬうちに」「舌の根の乾かぬうちに」という言い方の「舌の根」という言葉は、日常生活の中では滅多に使わないから、空覚《うろおぼ》えで書いてこうなったのだろう。

終戦直後は大東亜戦争の戦記が数多く書かれたが、近代戦にも古い戦記物の言葉がよく使われている。それは少しもかまわないことだが、

「弾盡《つ》き、刀折れ」というのがあった。「矢盡き、刀折れ」では矢など使っていない大東亜戦争の戦記ではおかしいから、弾盡きとしたのかもしれないが、戦《いくさ》の中でなくても、いろいろ手を尽してみたがどうにもならなくなり、万事休して、最早これまで、という状態になるのを「矢盡き、刀折れ」と言うこともあるから、何も矢を弾に代えることはないのではないか。この戦記は海戦を書いていたから、矢を弾に代える考え方からすれば、陸戦のように刀で切り合いをするわけではない海戦では「刀折れ」もおかしいと考えなかったのだろうか。尾崎一雄氏は「矢盡き、刀折れ」はヤツキカタナオレではなく、ヤツキトウオレと読むのだ、と言っていた。

「生唾を飲んで見守っていた」陸戦の戦記に、落下傘兵が降りて来る様子を書いたも

のだが、落下傘兵が降りて来たら食ってやろうと、食人種か飢えた兵士が見守っているかのようである。固唾《かたず》という言葉は日常生活ではあまり使われなくなったから、生唾になったのだろう。

「神出奇抜」という奇抜なのもあった。これは芥川賞受賞作家の作品の中にあったもので、「神出鬼没」を知っていながらわざと書いたのかなと思ったが、文脈からはどうもそうではないらしかった。「一将功成りて万卒枯る」と書いた明治生れの文芸評論家がいたから、この芥川賞作家も「神出奇抜」と思い込んでいたのかもしれない。

「四通八達の大活躍」交通整理の巡査の大活躍のようだが、多分「八面六臂」の間違いだろう。

「寧日いとまなし」意味がわかるようでわからないが、「寧日なし」のつもりらしい。

「細々と姑息を保っていた」どういうことを言おうとしているのかよくわからないが、姑息の意味をとりちがえているようだ。姑息とは一時のがれとか、間にあわせの意味だが。

「笑えぬ悲劇であった」悲劇なら笑えないのがあたりまえである。文脈からして笑えぬ喜劇と書くつもりが、悲劇と書き誤ったとも思えなかったが。

「家畜小屋が累々と続いていた」 戦後の女性の流行作家の小説に出て来た。累々は重なるさまだから、延々の間違いであろう。戦後の学校では漢文の時間が減ったからか、このように漢語の間違いが多くなった。

「そんな語彙で言ったのではない」 戦後作家の作品に出て来たが、文脈から、「そんな意味で言ったのではない」としかとれないような使い方であった。

「棚には葡萄がたわわになっている」 この文章に引っかかるのは神経質過ぎるだろうか。たわわとは、たわたわと同じである。柿の実がたわわになっているとは、柿の実が、枝がたわたわと撓むほどに沢山なっていることである。葡萄が沢山なっても棚に固定された枝が撓むわけはないし、棚が撓むこともあるまいから、筆者は、たわわになるとは沢山なることだと思っていて、枝が撓むほどになることとは思っていないのではないか。

気持の落ち着かぬ状態をそわそわ、はずむ状態をうきうきというのは、日本語の長い歴史の中で意味が定まったのだろうけれど、戦後の作家の中には擬態語を自分流に勝手に使っているのがある。

「私たちはその宿によくウロウロと出入した」 これは文章のうまいと言われる戦後作家のエッセイの中の文章だが、ウロウロではなく、ウロチョロではないか。ついでに言

うと、この作家に、

「これを翻訳するには私の文体にこの作品を引摺り込むほか手口がなかった」という文章があった。手口はやりくちのことだから別に問題はないのだけれど、かすかに引っかかるものがあった。「引摺り込むより手がなかった」の方がよいのではないか。古い文士はこの手を術と書いてテと読ませている。

「夜空の一劃《かく》にメラメラと火の粉が上った」メラメラは焰の上る様子に使うが、火の粉ではメラメラとは言わない。

外国人が日本語を流暢に喋っている様子を、ベラベラと書いている女流作家がいた。異国の言葉を流暢に喋っているのはペラペラである。ベラベラには、つまらぬこととか、言ってはならぬことを喋っているのを蔑む感じがあり、ペラペラには感心している感じがある。この作家は、「若い女たちがペラペラ喋っていた」と書いてもいた。先日この作家のふるさとがテレビに映っているのを何気なく見ていたら、そこの老人が、外国人の観光客が来て、中には日本語をベラベラ喋る人もいる、と言っていた。地方によってはペラペラとベラベラが逆になっているところがあるのかもしれない。

「そのごたごたをおさめるのに一苦労しました」この文章を読んでいて間違った文章

とは思わないけれど、かすかに引っかかるものがあった。「ごたごたをおさめるのが一苦労でした」若しくは「ごたごたをおさめるのに苦労しました」だと引っかかるものが取れてすっきりする。「苦労する」と「一苦労する」とでは使い方が違う。「君のために一苦労しよう」とは言っても「君のために苦労しよう」とは言わない。「君のために苦労するよ」と「君のために苦労するよ」とでは、相手に対する態度は逆になる。前者は相手の役に立とうと言っているのだが、後者は相手に恨みごとを言っているのだ。

「戦前以来行われていた」　これは文芸評論家の文章の中にあった。戦前から行われていた、というのならいいが、戦前以来にはちょっと引っかかる。以来という言葉は戦前という長い期間にはつながらない。あるはっきりした一線があって、その線からという場合に使われる。

「首に包帯を巻いていた」　小説の中に出て来たこの文章を読んだ時、私は怪我人を頭に画いた。ところが、その人物は風邪を引いていることが後の方に出て来た。怪我ではなかった。戦前には、風邪を引くと頸に包帯を巻く人があった。その人物が風邪でくびに包帯を巻いていたのなら、首ではなく、頸と書くべきだと思ったが、頸は常用漢字になかったから、常用漢字の首となったのだろうか。しかし文学者なら、常用漢字になくても、頸と書くべきではあるまいか。

「黒味走った赤い血」 若いライターで、「ドス赤い血が流れていた」と死体から流れている血を形容していたのがあったが、死体から流れていた血を、ドス赤い、と表現したい気持はよくわかるが、ドスという接頭語は「黒い」にはつくが「赤い」にはつかない。黒味走ったもドス赤いと似たような言葉だが、「苦み走ったいい男」などというけれど、黒味走った赤い血などという日本語はない。「黒みがかった」とでもすべきだろう。

「その文章は強く私の目を打った」 これは左翼の評論家の文章に出て来た。目を引いた、とか、胸を打った、という言葉がある。それらは使い古されているから、目を打った、と新しい表現をしたのだろうか。私には新鮮な表現とも思えないが。

「血で血を呼ぶ騒ぎ」 「血が血を呼ぶ」とか、「血で血を洗う」という言い方があるが、血で血を呼ぶとはどんなことかよくわからぬ。

「政権争奪に各派閥は血の道をあげた」 血の道とは血管もしくは婦人の病気だから、「血道をあげた」というつもりだったのかもしれない。中野重治氏の[*15]『沓掛筆記』に、河盛好蔵氏の[*16]文章の中の「血の道をあげた……」というところに引っかかったと書き、後ろの方に河盛さんが「シュールレアリスムに血道をあげたにきまっている」と言っているところにふれて、前のは誤植だろう、と書いていた。もともと血道をあげるとは、色事や道楽に熱中することだから、シュールレアリスムに血道をあげる、というのはよいけれど、政権の争奪に各派閥が血道をあげる、というのは適切ではあるまい。「血で血を洗う」というつもりだったのではあるまいか。

「ああせよ、こうせよでは解しかねない」　言わんとするところは朧《おぼろ》気にわかるが、はっきりとはわからない。

「燃えつきた蠟燭《ろうそく》のように憔悴した彼は」　蠟燭が燃え尽きると、黒く焦げた小さな芯が残っていることがあるが、憔悴した顔には見えない。作者に問い合わせたところ、蠟燭の側面にとけた蠟が幾筋も流れて、でこぼこに固っている状態だということだった。確かにそれは憔悴した顔に見えるけれど、その状態では蠟燭は燃え尽きてはいない。

「黎明の寒さがひしひしと迫る真暗な校庭で」　黎明にはちゃんと明の字が入っているのに、校庭は真暗というのでは、校庭に覆いでもかけているみたいだ。筆は走っているが、頭にしっかりとイメージを画いていないか、黎明の意味を正確に理解していないに違いない。

「尻込みしたい」　しりごみは、後込み、とも書く。しりごみは自分の意志でしようと思ってするものではなく、自然と身体がしてしまうものだから、尻込みしたい、というのはおかしいのではないか。

「出札口を出ると車が待っていた」 間違いのない印刷物を発行しようという気がなくて、ただ漫然と読んでいたら、この文章の間違いに気づく人はそんなにいないだろう。これは作者がついうっかり書いてしまい、編集者も校正者も見逃してしまったのだろう。出札口からは人は出入りできない。改札口である。

「褒め過ぎられるとは思わない」 今はもう大家だが、その大家の才気あふれる若い頃の作品に出て来た。「褒められ過ぎるとは思わない」というのが普通の言い方であろう。

「全うな生き方」 意味がよくわからず、何かを全うする生き方かと思ったが、よく読んでみると、「真当な生き方」のようであった。戦後に生れた作家のエッセイに出ていた。

第二章

ある力によって変えられた日本語

終戦後使えなくなった言葉

私は終戦後と書いて来たが、終戦後の数年間は、終戦後と書くと、それを非難する人が少なくなかった。戦時中に、退却を転進と言ったようなまやかしの言葉で、敗戦後と書くべきだ、というのである。私は「終戦後」をまやかしとは思わない。昭和二十（一九四五）年八月十五日に戦争が終ったのだから、その日以後を終戦後というのはどうしてまやかしなのだと思い、敗戦後とは書かないのだ。

ガダルカナルの敗戦とか、レイテ島沖の敗戦というように、敗戦という言葉は戦闘において負けた場合によく使われて来た。日本が昭和二十年八月十五日に初めて戦《いくさ》に敗れたのなら、敗戦後と言っていいだろうが、丹羽文雄氏[*17]が『海戦』で書いたツラギ沖海戦などのように、勝った戦もたまにはあったけれど、大ざっぱに言えば、ミッドウエイ海戦での敗戦以後は敗戦の連続と言ってよく、昭和二十年八月十四日にポツダム宣言を受諾し、翌十五日に戦争が終り、九月二日に無条件降伏の調印をした。何でも彼でも日本を悪く言わないと気のすまない自虐趣味の人は、日本が戦争に負けたのに勝ち負けのはっきりしない終戦後というのが気に入らないらしい。私は、戦争が終ったのだから、終戦後とするのが一番良いと思っている。今では終戦後とも敗戦後ともいう人が少なくなって、戦後と言うようになった。

どうしても敗戦後と言いたい人に、日本の文士の中に、「日本が勝ったのだ」と言っていた人がいたことを紹介する。その文士は佐藤春夫氏[*18]である。

戦争が終って、戦争責任の追及がはげしくなると、文士の中には、自分の年譜を本などに入れる場合に、戦時中の言動を経歴から削除する人々がいた。戦時中は、情報局が文学者を地方へ派遣して講演会を催していたが、そういう記録などは年譜から削ってしまうのである。ところが佐藤さんはそんなことは一切せず、それどころか「日本現代文学全集」の「佐藤春夫集」に、情報局の講演で行った時の写真を出している。佐藤さんだけでなく、志賀直哉氏など、大正作家は毅然としていた人が多かった。佐藤さんは、日本は戦争に勝ったのだと言うのだから、終戦後の文士の中では際立っていた。

戦争の勝ち負けは、どちらが戦争目的を達成したかによって決まる、大東亜戦争の目的は、欧米の植民地にされている東亜の国々を解放することだった、その国々が植民地から解放されて、それぞれ独立したのだから、大東亜戦争の目的は達成された、だから日本が勝ったのだ、戦闘に負けただけだ、と佐藤さんは言っていた。終戦後、五、六年してからアメリカに日本ブームが起きたと新聞に出ると、佐藤さんはそのことを、戦勝国の高い文化が文化の低い敗戦国に流れて行くのは歴史の常じゃありませんかね、と言っていた。

佐藤さんは、まだ連合軍の占領下であったにもかかわらず、日本が戦争に勝ったというこの自説を誰に向っても言うので、戦争責任の追及が盛んだった頃だから、佐藤さん担当の新聞記者や編集者が、もし進駐軍に告げ口でもされたら引っ張られて重労働をさせられる、と気を揉んでいた。

佐藤さんは大東亜戦争と言っていたが、今、日本では大東亜戦争という人はほとんどなく、みな太平洋戦争と言っている。大東亜共栄圏建設という日本の主張は、実は東亜の侵略だった、ということで、大東亜戦争という呼称を避ける人もある。終戦直後は大東亜戦争というのを占領軍が禁じたので使えなくなったようだが、そうだとしても、講和条約が結ばれてからは、もう占領軍の命令を守らなくともよいではないか。日本では開戦四日後の閣議で、あの戦争を大東亜戦争と呼称す、と決めたのだから、日本人は日本の政府が正式に決めた大東亜戦争と言うのは当然だと思うのだが。

軍隊で散々いためつけられた私は、第二次世界大戦において、日本の、東亜の国々に対する行動を肯定しようなどという気はさらさらないが、太平洋戦争というのはアメリカ本位の呼称で使う気にはなれない。日本は太平洋で戦っただけではなく、インド洋まで行って戦いもしたのだから、太平洋戦争という呼称は正しくないとも思うのだ。私が海軍潜水学校の特修科学生だった時の隊長殿塚謹三大佐が潜水艦の艦長だった時に、インド洋において戦った様子がドキュメンタリー映画にもなっているし、その映画の主題歌ともいうべき「轟沈」という歌には印度洋という歌詞も出て来る。

敗戦後と言わずに終戦後と言ったり、太平洋戦争と言わずに大東亜戦争と言う人を、右翼だとか反動とかと決めつけて非難する人は、終戦までの日本で、自由主義的な人をも赤だと決めつけて非難していた人と同じように私には思えるのだ。

支那という呼称

日常使っていた言葉が自然に変化したのではなく、ある力によって変えられることに、私は強い抵抗感を覚える。これは私だけではあるまい。

隣の大国を終戦前までは、日本ではシナと言い、漢字で支那と書いていたが、それが使えなくなった。新聞社に頼まれた原稿に支那と書けば中国と直されてしまう。新聞社だけではない。出版社も直すところが多い。支那という言葉が蔑称ということになったからだ。

大学は国文科に進んだが、中学生の時から漢文が好きだった私は、大学では熱心に奥野信太郎[*19]先生の支那文学の講義を聴いた。どこでもいいから行きたい外国に行かせてくれるなら、私は先ず好きな支那へ行きたかった。戦後、支那へ行けるようになってから、私は四度行った。漢民族を偉大な民族と思っている私は、支那という国にも、支那という言葉にも侮蔑感など全く持っていない。古い時代に先進国としてわが国の発展を助けてくれた有難い国と思っている。

彼の国を支那というようになったのは、日本が言い出したわけではなく、彼の国から教わったのだということも、私は中学生の頃から知っていた。インドで彼の国のことをシナという音に近い言葉で呼んでいたのが仏典の中にあって、仏教の伝来によって彼の国に入って来た、それが彼の国で翻訳された時に支那という文字を当てた、仏教の日本への伝来によりそれが日本に入って来て、平安時代には日本の僧侶が彼の国を支那というようになり、支那が普及して一般に使われるようになったのは江戸時代の中頃からだと辞書に出ている。江戸時代の末からという説もある。

秦の国においては秦という字をどう発音していたか知らないが、秦が大陸に統一国家をうち立ててから、四辺の国々が彼の国をシンという音に近い言葉で呼ぶようになり、それが世界に拡がるうちに、イギリスではチャイナ、フランスではシーヌ、ドイツではヒナ、イタリアではシーナと呼ぶようになり、日本ではシナと呼び、文字は彼の国から渡来した支那をそのまま使っている。

清が滅び、中華民国になってから、支那という呼称をやめるようにという申し入れが彼の国からあって、わが国の政府はそれに応じて中華民国と言うことにしたが、国民は依然として支那と言っていた。

英国は、公式には、ザ・ユナイテッド・キングドム・オブ・グレイト・ブリテン・アンド・ノーザン・アイルランドというのだそうだが、日本人はイギリスと言っている。ほとんどのイギリス人は日本人からそんな呼び方をされていることは知らないだろう。知っていても、そんな変な呼び方をするな、と文句は言わないし、言うわけもない。蔑称ならともかく、支那人自身が讃辞とさえ言っていたこともある支那という呼称を、やめよというのは実に変な話ではないか。

戦後の日本では、日本人にして日本を悪く思うのを好む自虐趣味の知識人やジャーナリストがふえて、私が支那と言っていたら、中国と言うべきだ、と横から猛然と攻撃して来た文芸評論家がいた。終戦後あまり間もない頃、支那は蔑称だと言い出された時に、蔑称でないことを支那学の大家である青木正児氏が朝日新聞に書いていた。その頃、『司馬遷』の名著もあり、東大で支那文学を学んだ作家の武田泰淳氏[*20]に、支那は蔑称ではないのになぜ蔑称だと言い出したのですか、と訊いてみた。武田さんは笑いながら、在日華僑の、本国に向っての点取り行為なんだ、と説明してくれた。

戦争中も日本で商売していた在日華僑には食べ物屋が多かった。本国で支那大陸を統一して共産主義国家が誕生した時、自分たちが漢奸でないことを示す点取り行為として、日本人がわれわれを侮蔑して言った支那及び支那人と言うことを許さん、と騒ぎ出したのだ、と武田さんは教えてくれた。

終戦後、食べ物屋を営んでいた在日華僑が、一番初めに母国を支那と言うな、中華と言え、と言い出したから、戦争に負けてしぼんでいた日本人はそれに素直に従って、中華と言うようになったのだそうだ。日本では支那と言わずに中国と言うようになったのに、料理に関するものだけは中国ではなくて中華と言い、中華料理、中華そば、中華丼となっているのはそのせいなのだそうだ。夏が近づくと、ラーメン屋に「冷し中華始めました」などという貼紙がよく出る。私には「冷し中華」などというのは中華人民共和国に対して失礼なような気がする。「支那そば」と言っていた戦前には「冷し支那」というのはなかった。

彼の国が、支那及び支那人と言うな、とわが国に申し入れたことには理由があるのだ。戦前には、少なからぬ日本人が、侮蔑を籠めて支那及び支那人という言葉を口にしたからだ。そのことは、当時日本に留学していた支那人にとっては堪えがたいことだったに違いない。彼らが後に母国において指導的立場に立った時、日本に対してその呼称を止めよと要求することは至極自然なことだったであろう。しかし、それは侮蔑的に言った日本人が悪いのであって、シナという言葉にも支那という文字にも侮蔑の意味などないのだ。

昭和五十九（一九八四）年に、日本で開催した国際ペンクラブ大会の最終日のサヨナラパーティーで、私は中野孝次氏[*21]から中国代表の鄧友梅氏を紹介された。戦前の学生時代に、老舎氏の、奥野信太郎先生が翻訳された、『ちやお　つう　ゆえ』を私は読んでいたし、戦後、老舎氏が茹志鵑女史と一緒に来日した時に会ってもいるので、私の知っているその二人の作家を話題にして、その消息を鄧友梅氏に尋ねたりした。共産主義国家になってからの現代文学を紹介するため、茹志鵑女史の『高高的白楊樹』という作品を私の雑誌「群像」に翻訳して掲載したこともあるのだ。

鄧氏とは、鄧氏がつれていた小柄な若い女性の通訳を介して話したのだが、鄧氏が日本語を少し話せることがわかったので、現在、支那の知識人が支那と言われることをどう思っているかを訊くいい機会だと思って、それを口にしたら、まずいことになるとでも思ったのか、中野孝次氏が私たちの間に入り、私に、そのことはいいじゃありませんか、と言って遮ったので、鄧氏の答えが聞けなくて大変残念だった。ところが、三十分ほどして、鄧氏の通訳の女性が、大勢の中でやっと私を見つけたという様子で、鄧友梅は先生の問いにお答え出来なかったが、私たちは支那とか支那人と言われることについて、何とも思っていません、それを是非お伝えするようにということでした、と伝えてくれた。私は鄧氏にお礼を言おうと探したが、人込みの中で見つけ出すことが出来なかった。

私は、支那が蔑称でないということにひどくこだわっているように見えるかもしれないが、千数百年も前からわが国の文化の発展に大きな力となってくれた彼の国の呼称を、軽々しく片付けてはならぬ、という思いがあるのだ。

終戦前には大抵の大学に支那文学科とか支那哲学科とかがあった。支那を蔑称ということにしてしまえば、戦後の人たちは、戦前の日本の大学では、彼の国の文学や哲学を研究するのに侮蔑的態度をとっていた、と誤解するかもしれない。私の恩師奥野信太郎先生はこよなく支那を愛していたが、先生が終戦前に書いたものには彼の国を支那と書いているから、彼の国を侮蔑していたと誤解されるかもしれないと考えると、たまらない気がする。新村出博士は、支那という二字には軽蔑の意味などなく、日本人が中国を最も尊敬していた時に使いはじめた文字で、傳教大師、弘法大師のような宗教家はじめ、新井白石、荻生徂徠のような中国を敬慕していた学者も支那という文字を使っている、と書いている。

支那という言葉が使えず、中国と言わねばならないのなら、彼の国に関する多くの日本語が使えなくなる。例えば、あの大きな国を三つに分けて、北支、中支、南支と言っていたのが、北中、中中、南中となり、これではなんのことやらわからないから、三つに分けて呼ぶ便利な呼び方が出来なくなってしまった。三つの地域に住む人々は同じ自国の言葉を喋っても発音が違うから、日本の標準語のような普通語《プートンファ》で喋らないと通じない。私が夜行列車で江南地方を旅していた時、香港の人たちらしい支那人の団体客と乗り合せ、傍若無人の騒ぎ方をするのでうるさくて頭が痛くなり、乗客たちが相談して、通訳に静かにしてもらうよう頼んだら、通訳とその人たちとは言葉が通じず、間に二人の人が入って、通訳のリレーでやっと静かにしてもらった経験がある。彼の国が広いから三つに分けただけではない。北支、中支、南支は気候風土も違う。従って生活様式も違い、気質も違うから、支那を大きく三つに分けて呼ぶ呼び方が必要なのだ。

わが国と彼の国を併称する時には日支と書いていたが、今では日中と書く。日本語では、日中の音はニッチュウ、訓はヒナカだが、日本語の意味は音でも訓でも太陽が東から昇って西に沈むまでの間を言い、日常会話に頻繁に出て来るから、日支が追放されて日中となると混乱を招く。

中国一辺倒が日支友好の妨げ

中島健蔵氏らが設立して、中島さんが理事長になった日本中国文化交流協会の業績を実に立派なものだと私は思っているのだが、その会の幹部職員が、中国の現状について話をするというので聴きに行ったところ、当時の文化大革命を讃美し、知識人や学生を農村に下放した教育制度は実に進んだ教育で、それに比べて日本の教育は駄目だ、という話をしたので、私は鼻白む思いをしたことがあった。紅衛兵が暴れまわっていた時、私たちの周辺では、毛沢東は偉大な人物だけれど、紅衛兵のようなジャリを使って権力闘争するのは感心せんなあ、と言っていたのだ。文化大革命がおさまってから十年ほどして、支那へ三度目の旅行をした時、通訳してくれた大学生が、あの下放政策のためにわが国の学問は二十年おくれてしまった、と言っていた。

私は中島健蔵氏と酒を飲む機会が多かったが、そんな時、中島さんが日中文化交流協会の理事長として訪れた支那の話をよくしてくれた。向うへ行って、前に会った人のことを、だれそれさんはお元気ですか、などと言っちゃいけないんだよ、さあ……ととぼけたような曖昧な顔するんだ、失脚してるんだね、と言った話と、魯迅など支那の文化人たちと親しくて、その危難を救ったこともある上海の内山書店店主内山完造氏の没後、その未亡人が招待されて、日中文化交流協会の協力で訪れた時に、理事長として一緒に行った中島さんの話も印象深くて、私の記憶に残っている。

内山未亡人は中国と言わずに、ずっと支那と言い、支那人と言うので、協会の人たちがえらく気を揉んだが、向うの人たちは全然不快がるような様子がなかったよ、と中島さんは言っていた。支那ということに大変神経質になっていた日本人の協会の職員と違って、支那の文化人は支那という言葉を正しく理解しているから、前にあげた鄧友梅氏と同じように、不快には思わなかったのだろう。

私は一度だけこの協会のお世話で支那へ行ったが、その時にそこの職員から支那と言ってはいけないときつく言われた。それなのについ支那緞子などと言ってしまっては注意された。拉麺に入っている支那竹《ちく》をつまんで、これを中国竹《ちく》と言うんですか、と言ったら、メンマと言えばよろしいと教えられた。

中国共産党が支那大陸を制圧し、中華人民共和国が出現した時、日本では、共産中国には蠅が一匹もいなくなったと言う人がいた。そんなことは考えられなかったが、中国一辺倒の人たちはそう言っていた。拉致問題が表面化するまで、日本の革新政党の中には、北朝鮮を理想的な国家のように言う人がいたが、左翼思想には人を盲目にしてしまうような不思議な力があるのだろうか。

左翼の文芸評論家で、満洲事変も上海事変も事変ではなく戦争だと言って、中日戦争と書いている人がいた。事変ではなく戦争だという説に私は異をとなえるつもりはないが、両国を併称する時には、常識的には日本人なら日中と書くべきだと思うのだ。その評論家は、いかなる場合も、必ず中日と書いていた。こういう中国一辺倒の人が支那を好きな人までを中国嫌いにしてしまうのではあるまいか。こういう人こそ両国友好の妨げになるのではないか。

支那を中国と言うための混乱

彼の国は自分の国を中国と言っているから、日本と併称する時は中日と書くのは当然のことだけれど、それをそのままわが国にもって来ると混乱が生じる。中日を音でよんだチュウニチは、日本では中部日本の略として使われることが多く、中日新聞、中日ドラゴンズなどと使われている。音のチュウニチも訓のナカビも、ある期間の真中《マンナカ》の日という意味であり、彼岸の七日間の真中の日を彼岸のチュウニチと言い、大相撲の催される十五日間の真中の日、つまり八日目をナカビと言う。この言葉も日常会話で頻繁に使われるから、中国と日本の併称として使うと混乱を招く。

日本にはもともと中国という地方があるから、中国という文字を見ただけでは、彼の国のことか、わが国の中国地方のことか判断に迷う。中国物産展という広告を見て、家人が紹興酒や皮蛋を売っている彼の国の物産展と思い、私は岡山の吉備団子や広島の牡蠣などを売っている山陽・山陰地方の物産展ととった。私の方が当っていた。蔑称ならともかく、そうではないのだから、日本においては支那という呼びなれた便利な言葉があるのに、何も混乱を招くような中国にあらためることはないではないか。

高島俊男著『本が好き、悪口言うのはもっと好き』（文春文庫）という本の中に「『支那』はわるいことばだろうか」という一章があり、そこに支那が蔑称でないことを詳しくわかり易く親切に書いてある。その本には魯迅が日本語で話す時には自分の国を支那と言い、自分を支那人と言っていた、とある。小林多喜二研究家の小笠原克氏の著書『小林多喜二とその周辺』の中に、多喜二が殺された時に魯迅から来た手紙に「日本ト支那ノ大衆ハモトヨリ兄弟デアル」とあるのを紹介している。支那が侮蔑語なら、魯迅がそんな書き方をするわけがない。[*22]

私は戦前、岩波文庫の上下二冊になっている魯迅著、増田渉訳の『支那小説史』を買って読んだ。内容はほとんど忘れてしまったが、訳者の言葉をかすかに憶えていた。増田氏は、翻訳するに当って魯迅に直接教えを受け、日本で翻訳していた時にも疑問については上海の魯迅に手紙を出して教えを受けた、というようなことが書いてあった。そんな増田氏が、支那が蔑称なら、魯迅の原題である『中国小説史略』を『支那小説史』とするようなことはしないだろう。

どこの国でも自分の国をその国民が、例えば嘗て日本が大日本帝国と称したように、偉大な国としての呼び方で呼ぶことが多い。それはその国の勝手で、他国がそれにとやかく言うことは出来ないし、言いもしない。その呼び方を他国に強要することも出来ない。漢民族が自分たちの国を文化の進んだ世界の中心と考える中華思想をもって、自国を中国と称し、四方にいるのは野蛮な人間として東夷、西戎、南蛮、北狄と言っていたのだから、日本が支那を中国と言うのは、自らを東夷と甘んじて位置づけていることになりはしないか。

日本が大東亜戦争の前から、長い年月にわたって支那に多大な害を与えたことは、日本人として誠に申し訳ないことをしたという気持を忘れてはならない。だからと言って、支那を中国と呼ばねばならぬようなことは、良識ある日本人にとっては抵抗があろう。こんなことでは両国の真の友好はあり得ない。新聞社や出版社が支那と書いて来た原稿をすべて中国と変えてしまう理不尽なことを続けていると、いつかは反動が来るのではないか。私が支那と言ったら、尊敬する革新的な二人の文士から、君はいまだに支那というのか、と言われた。私はちょっと悲しい気分になった。日本人にして隣の大国を中国と言いたい人は言っていい。しかし、支那と言うのをとがめだてしてもらいたくない。支那と書いているのを中国と直したりする権利は誰にもないはずだ。

文学者たちが反撥した国語改革

支那という一つの言葉が使えなくなったことに対して、私は反撥し、支那が蔑称でないことをくだくだしく述べて来たが、一つの言葉だけではなくて、日本語に大きな制限を加えるとして文学者たちが反撥したのは終戦直後の国語改革である。

昭和二十一（一九四六）年に政府が当用漢字千八百五十字を定め、教科書や公用文はそれの範囲内で書くことにし、従来の歴史的かなづかいは発音と違うとして、発音に近い現代かなづかいに改めて、それを告示した。この二つの改革は国語の大改革であるのに、占領軍の威をかり、文部省の役人とカナモジカイなどの人たちが、終戦直後のドサクサの中で、多くの文学者や学者が反対しているにもかかわらず、断行してしまったのである。

佐藤春夫氏は、例えば沛然と降る雨のことを表現しようとしても、沛の字が当用漢字にないから使えないため、と言って、指を下に向けて伸ばした両手を胸の前に出し、それを上下させながら、こんなことしなければならない、こんなことするのはぼくは厭だね、と言って当用漢字に反対だと言っていた。文部省の役人は、公用文と教科書以外で使うのは自由だから、文学者のみならず、一般の人々も、当用漢字以外の漢字を使うのも、旧かなづかいで書くのも自由である、と弁明していた。

現代かなづかいを新かなづかいとも言ったが、佐藤さんは「新かなづかい亡国論」をとなえていたし、文学者の中には旧かなづかいの方が文法的にも合理的だと言う人も少なからずいた。今でも旧かなづかいで原稿を書いている人が少なくない。しかし、義務教育で小学校から新かなづかいで育てられた者が年々ふえて行き、制定されてから六十年もたった今では、日本の国民の圧倒的多数が新かなづかいしか書けないし、旧かなづかいが読めない。

尾崎一雄氏も新かなづかいに反対で、ずっと旧かなづかいで書き、本も旧かなづかいで出していた。ところがある高校生から手紙が来て、先生の本にはこんなに間違いがあった、と言って来たのはすべて旧かなづかいだったから、これはもうどうしようもないと考えて、以後旧かなづかいで書いたものを、新かなづかいで本にすることを認めることにした、と私に言っていた。それは当用漢字と新かなづかいが制定されてから十二、三年たった頃のことだったが、文学者が反対しても、当用漢字と新かなづかいで教育された子供が年々ふえて行くのだし、毎日目にする新聞が新かなづかいなのだから、文学者の抵抗も衆寡敵せずであった。

夥しい数の漢字をおぼえるのは大変な労力を要することで、非能率的であるから、漢字を廃止すべきだという考えは、既に幕末の頃からあったようだ。明治になってからは、欧米の文明に圧倒されて、政治家にも知識人にも西洋崇拝の風潮が強くなり、進んだ欧米に追いつくためには、日本語を英語とかフランス語にすべきだという議論さえあったが、そこまでいかなくても、日本語の表記を欧米のような音標文字にすべきだ、という考え方があった。日本語から漢字を追放してかなだけにするというものと、漢字のみならず、かなも追放してローマ字にしてしまおうという国語改革を目指す二つの流れがあって、その考え方による組織も出来た。私が慶應義塾の予科に入学した時、すべてカタカナで書いた名刺をくれた級友がいて、変な趣味だなと思ったが、彼はカナモジカイの会員だったのだ。おとなしい彼は、カナモジカイの運動に級友を誘うようなことはしなかったが、終戦後、彼の会の有力なメンバーである松坂忠則という人物が、国語審議会を牛耳り、国語改革をリードしたのである。

当用漢字と新かなづかいが公布された頃は、雑誌の座談会に出席した文学者たちが、座談会の前とか終ってからの雑談でよくそれに対する反対意見を述べていた。一部の左翼の文学者以外、賛成の文学者はいなかった。当用漢字と新かなづかいで育ったこれからの人たちは古典が読めなくなり、過去の文化遺産を捨てることになって、日本の文化を貧しくしてしまう、というのが主な反対意見であった。

漢字廃止を唱えた人々

新聞に当用漢字・新かなづかいを採用させるために、文部省の役人が新聞記者たちを饗応した、という噂もあった。しかし、新聞はもともと漢字が少ない方が都合がいいのだ。当用漢字を定めて漢字を制限されるのは、新聞にとっては歓迎すべきことだったのである。新聞に限らず、雑誌でも書籍でも、今のようにコンピューターで文字を組んで行くような、コンピューター組み版のなかった当時では、植字工が活字の棚から活字を一つずつ拾って組んでいたから、使用する漢字の数が少なければ少ないほど速く組めるわけだ。雑誌や書籍と違い、その日の情報はその日のうちに読者に届けたい新聞は、漢字が少なくなることを望むのは当然のことで、新聞社には、漢字廃止すべし、という意見さえあったのだ。

敗戦によるショックで、終戦前のものをすべて否定する風潮の強かった終戦直後の日本では、漢字廃止どころか、日本語を、進んだ欧米の国の、例えば英語やフランス語にすべし、という意見もまた出て来た。志賀直哉氏がフランス語にしたがよいという意見を述べたが、いかに小説の神様と言われた志賀さんの意見でも、この説をまともに相手にする人はいなかったが。

終戦直後は、アメリカから日本の政治、経済、教育などを指導するいろいろの使節団が来て、日本政府に種々の勧告を行った。当時は「GHQの命により」と来れば、水戸黄門の印籠のような効果があったから、日本には野望を達するのにそれを利用する者がいた。教育使節団が来た時に、文部省の役人がGHQに頼み込んで、漢字廃止を勧告してもらったという噂もあった。佐藤春夫氏は、日本語についてあまり知識のないアメリカの使節が、かなづかいをスペリングと誤解して口出しした、と憤慨していた。アメリカの使節の勧告には適切なものもあったが、おかしなものもあったのだ。

昭和二十三（一九四八）年にイギリスの文化使節として戦前に東大で教えていた桂冠詩人のエドマンド・ブランデン氏が来日した後で、それに刺戟されたのか、アメリカからも文化使節が来た。日本ペンクラブでは、理事たちがその使節に会った。ペンクラブの副会長だった評論家の青野季吉[*23]氏がその時のことを私に話してくれたが、アメリカは日本の文化を低く見てるんだね、その使節は程度が低くて、ぼくらはアメリカがカウボーイを使節としてよこしたんではないか、と言ったんだ、と言っていた。

私たちの雑誌「群像」は文学者の原稿通りに印刷することにして、当用漢字以外の漢字をどんどん使い、旧かなづかいで書いてあれば旧かなづかいで印刷した。新字体には素人が見ても随分不合理なものが多かったから、旧字体を使った。しかし、それもはかない抵抗であった。

当用漢字、新かなづかいが公布され、学校教育がそれで行われて、児童が旧かなづかいや旧字体で答案を出せば間違いとされてしまうようになったから、出版社では児童対象の出版物を当用漢字、新かなづかいにせざるを得なくなった。一つの会社に二つの表記があるのも具合が悪いから、講談社も会社として発表する文章のかなづかいを新かなづかいとすることにした。そのため、私が旧かなづかいで書く編集後記も、新かなづかいに直されることになってしまった。

当時の文学者のほとんどは旧かなづかいで育ったから、新かなづかいに賛成する人はほとんどいなかったが、ただ左翼の文学者には旧かなづかいを固守する人は少なかった。左翼の新日本文学会では、機関誌「新日本文学」に執筆の際、筆者のかなづかいを尊重はしたが、新日本文学会として発表する文章は新かなづかいにしていた。そのため、終戦直後の頃は、中野重治氏は新かなづかいで書いていたが、宮本百合子氏[*24]や佐多稲子氏[*25]は旧かなづかいで書いていた。宮本さんは早く亡くなったけれど、佐多さんは長生きしたから、後には新かなづかいで書いていたが。

私が「群像」にいた昭和四十一（一九六六）年までは、先に述べたように、筆者のかなづかいを尊重して、旧かなづかいで書かれた原稿は旧かなづかいで印刷し、字体は旧字体を使っていたが、昭和三十年代の半ばには、もう旧かなづかいに熟達した校正者が少なくなってしまい、旧字体と新字体を確実に見分けられる校正者も少なくなってしまっていた。学と學とか、欠と缺とかのようにはっきりした漢字ならともかく、区別の明瞭でない新字体が混じるようになった。

昭和三十五（一九六〇）年十月から、講談社では百八巻の「日本現代文学全集」の刊行を始めたのだが、収録する作品は終戦前の旧かなづかいのものが圧倒的に多いわけだから、著者のかなづかいを尊重し、字体は旧字体で編集したところ、信頼出来る旧かなづかいの校正者があまりいなくて、停年間際の女性の校正者がほとんど一人で校正に当ることになり、その人に停年後もその仕事を続けてもらっていた。

その頃、伊藤整氏のところを訪ねた時に、アメリカ人の日本文学研究家ヴィリエルモ氏と一緒になったことがある。そこで、かなづかいや字体の話が出て、私が、わが「群像」は筆者のかなづかいを尊重し、字体は旧字体でやっていると言ったところ、ヴィリエルモ氏は、「群像」には新字体が混じっている、と言った。彼が例にあげたのは平と校の字で、平は新字体で、旧字体は平であり、校は新字体で、校が旧字体だ、と言った。旧字体の隆が新字体の隆になっているような、一画少なくなったものは私などもゲラを読んでいる時に拾うことが出来たが、校と校とか、平と平とかの画の数に増減のないものは全然念頭においていなかったものだから、ヴィリエルモ氏の言葉に大変恥ずかしい思いをし、反省させられた。

消えゆく旧かなづかい

当用漢字と新かなづかいが公布された当時、これに反対の文学者は、新聞でも雑誌でも、掲載する時には自分の原稿を勝手に新かなづかいに直すことを許さなかった。そのため、新聞はそういう文学者の文章を掲載する時には、文末に（原文のまま）と入れていた。戦前でも（原文のまま）と文末に註記した文章が掲載されてはいたが、それは文字が間違っていたり、言葉遣いが変だったり、文意がよく通らないものにつけられていた。例えば、貧しい家の娘が碌に学校にもやってもらえず、家のために苦界に売られて、そこのあまりにもひどい生活に堪えかねて自殺したりした時の遺書などを掲載した時に、その文末に（原文のまま）がつけられていた。間違いの多い文章の方が、自殺した人の悲しい境遇や生活の苦しさが読者によく伝わるから、原文のまま掲載したのだ。戦後の（原文のまま）は、新聞記者の文章よりすぐれた文章につけられていた。その（原文のまま）は、この筆者はえらい文学者なので、新聞社としては新かなづかいにしたいのだが、それを許してくれないため、原稿の通りに掲載しました、と言っているようなものだった。

旧かなづかいで書いた文章を、新かなづかいに直すことを許さなかった文学者は、戦前に世に出た人が多かったから、年月の経過と共にその数が少なくなり、若くても旧かなづかいを守っている文学者は今でもいるが、その人たちは出版社発行の文芸雑誌や総合雑誌や単行本では旧かなづかいを通しても、新聞や週刊誌では新かなづかいにするようになって、（原文のまま）がいつしか姿を消してしまった。新かなづかいの誤りを理論的に論難し、旧かなづかいを守っていて、私がかねてから尊敬している丸谷才一氏の朝日新聞の連載エッセイも、新かなづかいで掲載されるようになってしまった。

当用漢字と新かなづかいが制定された時に、これに反対した文学者に対して、文部省の役人は、公用文と教科書は当用漢字、新かなづかいにするが、文学者が当用漢字以外の漢字を使おうが、旧かなづかいで書こうが自由である、と言ったことは前に書いたけれど、反対した文学者も今では生き残っている人はほとんどいなくなり、旧かなづかいで書かれたその遺著が新たに出版される場合には、かなづかいは新かなづかいに改められてしまっている。復刻版のようにして出すと、一般読者が旧かなづかいでは読めないから売れ行きが悪くなるので、出版社は新かなづかいでないと出したがらない。それは売れ行きばかりではなく、旧かなづかいの校正に熟達した校正者が少なくなっていて、出版社としては何かと都合が悪いということもあるのだ。

文庫本というものは、戦前では、名作をたやすくしかも安価で手にすることが出来ることで学生などに喜ばれたのだが、今では名作であっても、売れ行きの悪いものはなかなか文庫本にはならない。講談社の文芸文庫のような例外はないわけではないが、戦前とは文庫本の性質が変ってしまったのだ。明治作家や大正作家の名作は、学生時代の私などは文庫本か、円本と言われた改造社の「現代日本文学全集」で読んだものだが、今では、文庫に入っているのはわずかになってしまった。

和漢混淆文の名手と言われた佐藤春夫氏の作品など、文庫の買手である高校生や大学生には読めなくなってしまったから、文庫本にはあまり入ってないのだ、と言われている。新かなづかいと当用漢字、あるいは常用漢字で育った人たちには、作品の内容が理解し難いというよりは、文章が難しいので読まれなくなったのだという。当用漢字・新かなづかいが制定された時に、若い人が古典が読めなくなる、と当時の文学者の多くが反対したが、文学者たちの心配した通りになってしまったのだ。古典と言ったが、それは文学の古典ばかりではなく、日本の過去の文化遺産と絶縁してしまうことを憂えたのだ。

佐藤春夫氏の作品が若干文庫に入っているが、新かなづかいに改められている。新かなづかい亡国論をとなえた佐藤さんは、あの世でこれをどう思っているだろうか。文部省の役人が、文学者は旧かなづかいで書こうが何で書こうが、それは自由だと言ったが、新かなづかいに反対していた文学者の遺作は、現実的には旧かなづかいでの出版はもう出来なくなっているのである。

第三章

なぜ日本語は乱れてきたのか

失われた恥の感覚

日本語の乱れが問題になり出したのは、昭和三十年代に入った頃からである。戦争に敗れて連合国軍が乗り込んで来た頃は、日本人には日本のあらゆるものを否定する風潮が強く、「だから日本人は駄目なんだ」というのが当時の日本人の口癖だった。終戦前の日本のもの一切を否定する風潮の強かった当時の日本では、日本が駄目なのは日本語がいけないのだ、という考え方も、西欧文明に圧倒された明治維新の頃のように出て来た。そんな風潮の中で、先に書いたように志賀直哉氏の、この際フランス語にしたがいい、という発言が出て来たのだ。明治維新の頃、進んだ西欧に強い劣等意識を持った日本では、文部大臣の森有礼が、西欧の先進国のようになるためには、日本語を廃し、音標文字の西欧語に変えるべきだ、と言い出したように、終戦直後の日本人の中にも森有礼と同じような気持になっていた人も少なからずいたのだ。かねてから日本語を音標文字にしようと考えていた文部省の役人とカナモジカイの松坂忠則らが、今が好機とばかりに終戦のドサクサの中で国語改革を断行したのだが、戦後も十年近くたった頃には、日本のものを見直す風潮が生れ、日本の固有の文化を復活させようとする気運が出て来た。それを当時、進歩派の人たちなどが、逆コース、と言った。昭和二十九（一九五四）年の新年号から「群像」に中野重治氏が『むらぎも』という題名の小説を連載し始めると、革新陣営の中野重治も古語のむらぎもを題名にするとは、それこそ逆コースではないか、と言われたりもした。その頃、日本語を見直す気運も生れ、日本語の乱れが問題になり出した。

日本語の乱れを問題にし始めたのは、戦前に教育を受けた人たちである。戦後に教育を受けた人たちの言ったり書いたりしたものの中には、自分たちが正しい日本語として教えられ、使っている言葉とは違っていて、誤っているもののあることが気になり出したのだ。

昭和三十四（一九五九）年に皇太子の御成婚を期して起こった週刊誌ブームによって、変な日本語を日本中に撒きちらしたのも日本語の乱れの原因の一つだが、私は、日本人が間違った日本語を喋ったり書いたりしても、それを恥と感じる感覚が大変希薄になったのも、大きな原因ではないかと考えている。恥を知るということが日本人の特性だと思うのだが、それが戦後の日本人には、言葉に限らず、あらゆる面において失われてしまったように思われるのである。違法を摘発されたり、事故を起こしたりした会社の幹部や官僚の幹部たちが、マイクの林立した机を前にして数人並び、二度とこのようなことのないようにいたします、と深々とお辞儀をしているのがしょっちゅうテレビに映し出されているが、それを何度も見ていると、この人たちには言い訳をするだけで、恥じるということが少しも感じられないから、二度と起こさないどころか、三度、四度とやってしまうだろうと思ってしまう。「二度とは一度のみだが三度四度」と私は川柳のように口ずさんだのだが、その通りのことが次々に起きている。

戦前はもちろんのこと、戦後においても、昭和三十年代に入るまでは、文学者が誤った日本語を書くことを大変な恥とする気風があった。一般市民でも言葉を間違えることを大変恥ずかしいことと思っていたのだから、文章によって生活している文学者には、間違った日本語の文章を書くことは絶対許されないという意識が強かったのは当然だろう。作品の批評においても、先ず文章のよしあしから論ぜられていた。文章が誤った日本語で書かれていたら、評価する前に追放されてしまっただろう。今では作品評に文章にふれたのをあまり見なくなった。文学作品は先ず文章だ、という考え方が昔の文士にはあり、読者も先ず文章をたのしんだ。例えば島崎藤村氏の『夜明け前』の冒頭の、木曾路はすべて山の中である。

とか、川端康成氏の『雪国』の、

国境の長いトンネルを抜けると雪国であった。

とか、夏目漱石の『草枕』の、

山路を登りながら、こう考えた。智に働けば角が立つ。情に棹させば流される。

という文章を諳《そら》んじている読者が多いのは、作品の内容ばかりでなく、文章をもたのしんでいるからであろう。

ついでに言うと、戦前の文士は、出来れば読者に諳じられるような書き出しにしようと、大変神経を使ったようだ。それに、読み終っても作品の感動が長く読者の心に残るような最後の切りの文章にも神経を使った。戦前の文壇では、切りのうまい作家をキリストと言い、書き出しのうまい作家をカキダシストと言っていた、と私は宇野浩二氏[*26]から聞いた。

いい書き出しから小説を展開しようという考えは、戦後に出た新人にもあった。私はそういう新人の初めて書いた連載小説の書き出しの三枚ほどを見せられて、感想を求められたことがある。それには東京都内のサラリーマンの住宅の庭が描写されていた。嵐雪の「梅一輪一輪ほどの暖かさ」の句が引いてあって、時季は梅のほころびそめた頃なのだが、そこに連翹《れんぎよう》の花が咲き乱れているのだ。梅のほころびそめる頃には、まだ連翹の花が咲き乱れてはいないのではないか、これは言葉の間違いではないが、日本人は季節の移り変りには極めて敏感だし、特に和歌や俳句をたしなむ人は草木や季節についての知識が豊富で、そういう趣味を持った読者から誤りがあると投書が来ることがよくある、植物や季節の移り変りについては、迂闊なことは書けませんよ、とその作家に感想を述べたことがある。

日本にははっきりした四季があり、気象に関する語彙も豊富である。私は初めて歳時記を手にした時、自然界や気象などに関する自分の語彙の貧弱なことをつくづく思い知ったのだが、その乏しい語彙の中に薫風というのがあった。ある流行作家の小説に、八月半ばの暑い日に、千鳥ヶ淵近くの桜並木の中を吹きぬけて来た風にほっとする場面があって、その風を薫風と書いてあった。俳句の季語の薫風を思い浮べてちょっと引っかかったが、その時の風にたまたま香りがあったから薫風と書いたのかもしれないし、これは小説であって俳句ではないのだから、八月に季節に関係のない薫風が吹くこともあろうから、これを間違いというわけにはいかない、と考えたけれど、ちょっと引っかかったことを作者に話したら、作者は、編集者は読者の代表である、その編集者が引っかかったのならやめよう、と言って削ってしまった。

ら抜き言葉は日本語の乱れか

日本語の乱れの例としてよくあげられるのが、犬に餌を上げる、とか、植木に水を上げるという「上げる」である。「上げる」は目下の者が目上の者に物をおくる場合に使って、犬や植木に、上げる、というのは間違いだ、やる、とか、与える、と言うべきだ、とその言い方を問題にする人は言う。

言葉は時の流れに従って使い方や意味が変化することがあるから、今までの使い方と違うから日本語の乱れと言っていいかどうか迷うことがある。犬に餌をやったり、植木に水をやったりするのに、「上げる」というのはおかしいかもしれないが、子供にお年玉とか駄賃を与える場合、お年玉を上げる、お駄賃を上げる、と言うのが今では普通なのではないだろうか。やる、というのは、くれてやる、というのに近い感じになっているから、あどけない子供に物を与える時には、上げるというのがふさわしいと感じるのが普通の感覚ではあるまいか。目上の者が目下の者に物を与える場合、上げるというのをすべて日本語の乱れと決めつけるのには、現在においては私は賛成しかねる。

ら抜き言葉も日本語の乱れとしてよく槍玉にあげられる。地方によっては、昔からら抜き言葉を話しているところがある。それに、言葉は簡略化され、短縮されて変化して行くのが自然であるから、ら抜き言葉を日本語の乱れと決めつけることに私は疑問を持つ。

テレビの野球放送を聞いていると、私の聞いた限りでは、解説者がすべてら抜き言葉で解説している。ら抜き言葉を日本語の乱れとすることに反対の私だけれど、「あのピッチャーはあと三回は投げれるでしょう」などと言っているそのナゲレルが私には大変耳障りである。ナゲレルのゲが濁音だからだと思う。日本語には汚い物を濁音にしているものが多い。ゲロとかドブとかババとか。金田一春彦氏は和語で濁音で始まるものにはきたならしい語感のものが多いと言っていたが、私の感覚では、濁音が最初でなくても悪い語感になる。

私は昨年、三ヶ月近く入院したことがあり、入院中は毎食について、看護師さんから食べた量を訊かれた。看護師さんたちは一人の例外もなく、どれだけ食べれましたか、

と ら抜き言葉で訊いた。私はら抜き言葉を喋らないから、半分しか食べられませんでした、などと答えた。

「投げれる」でも「食べれる」でも、「ら」を入れて、「投げられる」「食べられる」と言うと、随分語感がよくなる。そう感じるのは私はら抜き言葉を喋らず、「ら」の入った言葉で育って来たからかもしれないが、ラ行の音は歯切れがよく、きれいな感じを与えるという説もあり、そのせいなのかもしれない。私はこれからもら抜き言葉で喋ることはないだろうし、喋る気もないけれど、ら抜き言葉の拡がりは誰も止めることは出来ないだろう。それを日本語の乱れと決めつけることには賛成出来ない。

なくなった言葉の躾《しつけ》

日本語の乱れの例として、敬語の誤りをあげる人が多い。日本語の敬語の使い方は、外国人には大変むつかしいようだが、外国人のみならず、日本人にもむつかしい。日本には敬語のあまりない地域が何ヶ所かあるようだが、わが師折口信夫先生から生国を訊かれ、私が紀州熊野と答えたら、熊野の人は敬語がうまく話せません、と言われた。熊野は敬語のない特殊な地域の一つであることをも教えられた。私は、書く時には人並みに書けるが、喋る時には敬語がすらすらと出て来ない。そんな私が敬語についてとやかく言うのはおこがましいが、他人の誤りは気になる。アイドルと言われるような少女ならまだしも、いい歳をした芸能人たちが、うちのお母さんが、などと言っているのをテレビでよく見るが、あれは私には非常に耳障りである。

身内の者に敬称をつけて他人に話すようなことは、戦前では中学生にもなればしなかった。これも日本語の乱れに違いないが、戦前では言葉の問題というよりは家庭の躾《しつけ》の問題であった。戦後は核家族がふえて、敬語だけではなく、老人による家庭内の言葉の躾がなくなったのも日本語の乱れの原因の一つかもしれない。私など、祖母や母から諺を材料にして教えられたり叱られたりした。例えば、人には情をかけにゃいかん、「情は人のためならず」と言われるように、人にかけた情は自分に返って来るんじゃ、とよく言われたが、初めてこの諺を耳にした人は、情をかけるのはその人を甘やかしてしまうから、その人のためにはならないので、人には情をかけないがよい、と逆の意味に解する方が自然なのではあるまいか。

人称代名詞の、特に一人称の使い方が若い人たちの間では乱れている。テレビの朝のニュースを見ていて、それが終ってもそのままにしていることがあって、連続テレビ小説をつい暫く見てしまうことがある。そこに青年が結婚の許しをもらうために恋人の家を訪ねるところが出て来て、恋人の父親に対して自分のことをオレと言っているので驚いたことがある。青年は好感を持ってもらうために、服装を整え、地味な背広を着て行くのだが、オレと言えば恋人の父親に対してオマエと言ったも同然だから、好意を持ってもらえるわけがない、と私は思う。ところが父親はそれに対して不快がるような反応がない。これは脚本家が今時の青年をありのままに書いているのだろうと思ったが、父親の反応を見た限りでは、脚本家もこういう場合、オレと言うのをとがめだてする気がないようだ。戦争中に「父よあなたは強かった」という軍国歌謡があったが、それに対してさえ、父に向って「あなた」というとは何たることだ、という批判があった。日本語では上位者に向って、二人称代名詞のあなたで話しかけることは先ずないから、当然の批判であろう。

最近のことだが、「妻が逝去してから」と書いているエッセイを読んだ。弔意を述べる場合によく御逝去という言葉を使うから、御を除けば敬語にはならないと思って使ったのだろうが、逝去とはもともと死ぬことの敬語である。

過剰な遜《へりくだ》りのいやらしさ

私が東京で学生生活をするようになったのは昭和十五（一九四〇）年だが、敬語のない地方から出て来たせいか、東京の人って、どうしてこう歯の浮くようなお世辞を言い合って暮しているのだろう、と思った。しかし今では、お世辞は都会生活の潤滑油として必要なのだと思うようになった。とは言うものの、自分ではうまく言えないし、お世辞を言われると居心地が悪くなる。わが同郷の大先輩である佐藤春夫氏もお世辞を言うのも、言われるのも苦手のようだった。ひとに教えられて行った鰻屋が大変うまくて、そこの鰻を時々食べたくなるのだが、鰻屋の主人がたらたらお世辞を言うので、それを聞くのが厭で行けないんだ、と言っていたことがある。お世辞も敬語と一緒で、子供の時から口にし、耳にしていないと、うまく言えるものではないし、言われて平然としてはおられない。

私は東京へ来て、初めて味噌汁のことをおみおつけというのを知った。何で味噌汁をこのように丁寧に言わねばならんのだ、と思った。おみおつけを漢字で書けば御御御付である。日常、おみおつけと言っている人は何の抵抗もなく口にしているのだろうが、ちょっと立ち止って、その言葉が御御御付であると考えたら、あまりにも丁寧過ぎて滑稽だと思うのではないか。日本語には丁寧過ぎるのを蔑む馬鹿丁寧という言葉もある。

山手線を高田馬場駅で西武新宿線に乗り換えたら、車掌が発車間際に、「ドアを閉めさせていただきます」と言った。いやらしいような、情ないような感じがした。その後も、「閉めさせていただきます」を何度も聞いたから、一人の車掌が自分の意志で言ったのではなく、会社が決めた言葉を口にしているのだろう。乗客へのサービスとして丁寧に言っているのだとしたら、飛んだ考えちがいだ。乗客は目的地に早く着きたいのだから、遜《へりくだ》って長ったらしく言われるよりは、簡潔に「ドアが閉ります」でも「ドアを閉めます」でもいいのだ。それを失礼と思うような乗客はいまい。日本語には慇懃無礼という言葉もある。

近頃、国会の予算委員会などの質疑応答をテレビ中継で見ていると、なぜこんなに丁寧な言葉遣いをするのかと不思議に思う。特に大臣の答弁に馬鹿丁寧なのがある。馬鹿丁寧な言葉には力がない。過剰な遜りの態度をとり、丁寧過ぎる言い方をして、野党の追及の鉾先を躱そうとしているのだろうか。「先生がお示しになられました表を拝見させていただきまして……」などと言う。「委員から提出された表には……」と言って失礼ではないし、その方がすっきりする。すっきりしていれば視聴者の国民の受けもよくなり、選挙で票も入ると思うのだが。言葉遣いが丁寧過ぎるのはいやらしい感じがするし、喋る人間がずるくて卑しげに私には見えて来るのだ。

昭和二十八（一九五三）年二月二十八日、吉田茂首相が質問している右派社会党の西村栄一議員に対して、バカヤロー、と叫んだために、懲罰動議が提出されて可決になり、翌月内閣不信任案を提出されて可決され、首相が衆議院を解散したことがある。それをバカヤロー解散と言った。吉田首相の言動は非難されてもしかたがないが、その頃の議会では生き生きとした日本語で応答が行われていたように思う。

させていただきます、という言い方を私がやたらに耳にするようになったのは、今から三十年ほど前からだろうか。その頃ある有名人の子息の結婚式で、某放送局の名の知られたアナウンサーが司会をした披露宴に出たことがあったが、自分はナニガシ放送局のアナウンサーであることを先ず名告って、司会をつとめさせていただきます、と彼は言った。司会のプロだから要領もよく、アナウンサーだから口跡もよくて、披露宴は気持よく進行した。披露宴の司会をアナウンサーがするのを私は初めて見たのだが、彼は司会のプロとして雇われたようで、有名人との縁や義理でやっているようではなかった。当然謝礼をもらって司会をしたのだろう。彼が司会をつとめさせていただきます、と言ったのは実に自然に聞えた。

パーティーなどで司会者が、自分のようなものがなぜ司会するようになったかを先ず述べ、不馴れだから行き届かぬことがあろうと思いますがお許し下さい、と、言い訳の前口上を言ってから始める人が多かったが、司会をつとめさせていただきます、というのは、そのアナウンサーの前には聞いた記憶がなかった。ところが最近では、司会をつとめさせていただきます、というのが珍しくもなんともなくなり、きまり文句のようにさえなっている。私の見たアナウンサーの司会の要領のよさが口コミで拡がって、みなそれを真似するようになったとも考えられないが、披露宴ばかりではなく、いろんなパーティーの司会の口上でも、やたらと「させていただきます」を耳にするようになった。世の中には、させていただきます、という言い方があふれているから、司会の口上にもそれがあらわれるようになったと考えた方が正しいのかもしれない。

させていただきます、という言い方は日本語の乱れではないけれども、使う場所によっては日本語の堕落した使い方だと思う。例えば、会議などで、これで報告を終ります、と言って別に失礼でもないのに、報告を終らせていただきます、と言うのは余計な卑下であり、非能率的で、日本語の堕落のように私には思える。報告を終らさせていただきます、と言う人も少なからずいる。サ行変格活用と五段活用の動詞の未然形にはせるがつき、させるをつけるのは誤りであるから、「終らさせていただきます」と言うのは、日本語の堕落であるばかりでなく、文法的にも間違っているから、日本語の乱れでもある。

五十年も前のことだが、日本語の乱れというよりは、戦後の若者の教養の無さの例としてよくあげられていたのは、卒業したばかりの学生が、クラス会に恩師の出席をお願いに来て、「枯木も山の賑わいですから是非出席して下さい」と言ったという話である。そんな成句ではなく、今の若い人は日本語の単語の意味をよく知らなくて使っていることがある。ある会に出たら、私が一番年長者だったことがあって、司会の若い人が、「先ず先輩に喋っていただいて……」と指名されたことがあった。喋るとは、自分の話すことを謙遜して言う場合の外は、言ってはならぬことを言ったり、つまらぬことを言う時に使う言葉である。喋っていただいてと丁寧に言われても、喋ると言われるのは多少不愉快である。青森県などでは話すというところをすべて喋ると言って、喋るという言葉に、つまらぬことを話すという感じなど全然なくて使っているところもあるようだが、それは日本全体の使い方とは異なっていて、特殊な地域の使い方であろう。

私の出身県が三重県だと言ったら、あそこからは結構学者や作家が出てるんですよね、と言った若い人がいた。どうもお世辞を言っているつもりらしいのだが、三重県は大体非文化的なところだが、それでも意外に学者や作家が出ている、と言われたような気がした。そのことがあってから若い人たちの、結構という言葉の使い方に注意していると、言葉の調子で言っていて、私たちの結構という言葉の使い方とは違っていることに気がついた。彼らは余所の家で家庭料理を御馳走になって、その家の主婦にお世辞のつもりで、結構おいしいですね、などと言っているのかもしれない。

断定を避けた曖昧さと若者言葉

先にお世辞は都会生活の潤滑油と言ったが、日本語にはもともと断定的な言い方を避ける傾向があるのも、社会生活をぎすぎすさせないで、なめらかに送ろうとする一種の潤滑油的な語法であろう。しかし、そういう言い方は、国際化された現代においては、通用しなくなりつつあるのではあるまいか。はっきり物を言わないと、外国人には誤解されるようである。それにイエスかノウか、はっきりさせない日本人の話し方は、外国人には大変迷惑であるらしい。敗戦のショックのもとで欧米人のようなはっきりした物言いを学んだ日本人だったが、近頃になって、また断定的な言い方を避けるようになっている。その言い方を若い人たちがしているのが気になる。「……とか」「……じゃないですか」などと語尾をぼかす言い方をする。

最近の中間管理職は大変むつかしい地位になっているようだが、課長になるような年齢の人までが、部下にものを命じる時に、しかじかのことをやってくれ、とはっきり言わないで、しかじかのことをやってくれる？　という言い方をするらしい。

軍隊では簡単明瞭を貴ぶから、命令は「進メ」「止レ」とやっていた。会社や役所ではそうもいくまいが、上役が「進んでくれる」「止ってくれる」と命令していたのでは部下も頼りない課長だと思うのではあるまいか。「させていただく」という卑下した言い方が蔓延している世の中で、若い者が語尾を「……とか」だの「……じゃないですか」とぼかして言ったり、壮年の課長が部下に命じるのに「してくれる？」などと言うのは、日本人がだんだん頼りなげな人たちばかりになって行くような気さえしてくる。

若い人たちが「超嫌い」などというのを非難する人がいるが、いわゆる若者言葉は、いつの時代にも生れては消え、消えては生れるもので、寿命も短いから日本語の乱れというほどのものではあるまい。「超ナントカ」という若者言葉は大人たちの死んだ言葉に対する反逆で、むしろ歓迎すべきものだと私は思う。保守的な大人たちは気にいらないだろうが、その造語力は健全である。

何かの竣工式に出席して、来賓が祝辞を述べている情景を思い画いていただきたい。退屈極まりない祝辞が続き、参会者はうんざりしているのだけれど、儀式だから神妙な顔して聴いていなければならない。こういう儀式の祝辞にはこういうことを言うといったような型があって、それにあてはめて、来賓が同じようなことを次から次に述べるから、参会者は姿勢を崩さず、拝聴している様子はしているが、頭は余所事を考えていることが多い。こういうことは誰もが経験しているに違いない。そこで述べられた祝辞は正しい日本語であっても、心のこもらぬ形式的な死んだ言葉だから、聴く人の心を動かすことが出来るわけがない。

ここに共にスポーツを楽しむ組織があるとする。ゴルフクラブでもいい。そんな組織には運営のためにいくつかの委員会があるが、その委員長に選ばれた人が挨拶をする。

「この度、私のような浅学菲才の者がこのような重責をになわされまして、身の引き締る思いでございます」

などと言う。本人は委員長などちっとも重責と思っていないことは、挨拶を聴いている人にはみなわかっている。身の引き締る思いなど、毛ほどもしていないこともわかっている。型通りに死んだ言葉が述べられているだけなのだ。こういう状況に身をおいてもじっとしている大人たちは行儀がよいと言われ、この状況を若者が「超退屈」と言ったら、行儀が悪いと非難される。死んだ言葉が語られている行儀のよい大人の社会は頽廃した社会であり、生きた言葉の語られる若者の社会を大人たちが行儀が悪いと非難する資格はないのだ。

男言葉の女性化

北海道生れの作家畔柳二美[*27]氏が関西に住んでいた頃、親しい近所の主婦から「おまく貸してほしい」と言われて、幕のことかと思ったら、枕のことだったということを書いていた。女性が物に接頭語の「お」をつけて可愛らしく言うのは、歴史の古い都会ほど多いように思うが、北海道の千歳で生れ育った畔柳さんには、枕にまで「お」をつけて、それも下をちょん切って言うなどということは思いもよらぬことだったろう。関西の女性は食べ物にさんの敬称、というよりは愛称をつけて、お芋さん、などと言う。今はどうだか知らないが、大正時代の私が生れた紀州熊野では、女でもお茄子だのお葱だのとは言わなかった。茄子《なすび》と言い、根深《ねぶか》と言っていた。そんなところで育った私は東京で暮すようになって、男が「お水」と言っているのを聞いた時には、何だ女みたいに、と思ったものだ。

枕を「おまく」というのはどうかと思うが、私は女の人がお茄子だのお葱だのと、物に「お」をつけて可愛らしく言うのを好ましいことだと思っている。男言葉と女言葉がある日本語を他国語に比べて誇りたい気持でいる。そう思うのも、男尊女卑の習俗のもとで育ったせいかと思わぬでもないが、男女同権は結構なことだけれど、何も彼も男女同一にしようとするのは馬鹿気たことだと思う。男と女とは肉体に違いがあるように、物の考え方にも違いがある。戦後強くなったのは女と靴下だ、と言われた。すぐ穴があいた戦前の靴下の生活の中に、戦後、ナイロンの靴下が出現した時はなかなか穴のあかないその強さにみな驚いたものである。それと戦後の女の強さとを並べたのは実によく出来た成句だと思う。強くなった女は今までの男の領分に目ざましく進出し、私の仕事の場であった文芸の世界においても、芥川賞受賞の新人として女の作家が次々に出て来たし、女の文学研究家や文芸史家も随分出て来た。しかし文芸評論家は出なかった。女の文芸評論家はなぜ出ないのか、平林たい子[*28]さんは、男は観念に進んだが、女は感覚に進んだのだというようなことを言っていた。それに戦後は男性の文学者にはいろいろ文学運動が興ったが、女流文学者にはそれがなかった。

男と女とはちがうのだから、女は美しくあってもらいたいし、話すのもやさしい言葉を使ってもらいたい。日本の女性はいつまでも優美な女言葉を使っていてもらいたいと思うのは私だけではあるまい。

日本には男言葉と女言葉があるのだから、男が女言葉を使い、女が男言葉を使うのは日本語の乱れと言ってよいのではないか。女が男言葉を使うと、乱暴な女と見られるだけだが、男が女言葉を使うと、おかまだとか、性的におかしな男と見るのが普通であった。今では女言葉を喋る男の芸能人がテレビによく出ているから、女言葉を話す男を見る目も以前とは随分変って来ているのだろうが、私には不健全な感じがする。

私は「おいしい」は女言葉で、「うまい」は男言葉と思っていたから、男が、おいしい、と言うのを聞くと変な気がした。「いしい」は味のよいこと、「おいしい」はその丁寧語で、それは女言葉だから、戦前では、男はおいしいと言わずに専らうまいと言っていたと思うのだけれど、それは私の思い違いだろうか。今ではテレビで見る限り、うまいという男よりもおいしいと言う男の方が圧倒的に多い。食べ物を口に入れた男がちょっと間をおいてから、おいしい、と言っているのがよくテレビに映し出されるが、あれが、うまい、と言ったのなら、ほんとにうまいのだろうと思うが、男がおいしいと言うのは心の底から言っているのではなく、余所《よそ》行きの言葉で喋っているように私には思えるのだ。うまいは男言葉で、おいしいは女言葉だと何かの本で読んだ記憶もあるのだが、男尊女卑の習俗のもとで育ったために、自分は男言葉と女言葉に世間とは違った感じ方をしているのではないか、と自分の感じ方に疑問を持つようになった。しかし実生活の上では、私はうまいと言い、おいしいとは言えない。

終戦の年の暮に創刊された同人雑誌「近代文学」は文壇の改革をめざし、終戦後の文学界に大きな影響を与えた雑誌で、その七人の同人は七人のサムライと言われた戦闘的な人たちだったが、この人たちの会話に「そうなのよ」と言うのが出て来るのが私の耳に残っている。そうなんだ、という時に必ず、そうなのよ、と言うわけではないが、時々、「そうなのよ」が出て来るのだ。時々にしたってこの戦闘的なサムライが、「そうなのよ」と女言葉を使うのが、私にはどうにもヘンチクリンな気がして仕方がなかった。この七人のサムライから、小田切秀雄[*29]氏が早々と同人を離脱したが、残りの六人のサムライはみな地方で生れ育ったから、東京で下宿して学生生活を送った人が多く、東京言葉を使う時には、下宿先の主婦の言葉が身についてしまっていて、その話し方で話していたのではあるまいか。あるいは、「そうなんだ」の余所行きの言葉として「そうなのよ」と言っていたのだろうか。

あるアメリカ人の日本文学研究家で、流暢な日本語を話すのだが、その日本語にはかすかな上方訛があり、上方の女言葉が混じっていた。彼は上方育ちの下宿の主婦から日常会話の日本語を身につけようと努力したのだろうが、男言葉と女言葉の違いがはっきりしている日本語というものが、それの区別のはっきりしない英語を話すアメリカ人にはなかなか理解出来ず、日本語だと思っているのが、日本語の中の女言葉だということがわからなかったのだろう。

私が「近代文学」同人の「そうなのよ」が気になったのは、同人諸氏が戦闘的な人たちだったからで、一般の人々には「そうなのよ」という人が今では珍しくない。

ナイロン靴下と共に戦後強くなった日本の女性の社会進出はすさまじく、それと同時に女性の言葉の男性化も進んだ。男女同権になり、社会のあらゆるところで男女の格差がなくなって行くと、男と女を区別するものが取り払われて行き、その言葉の差異も次第になくなって行くのだろう。

小学校の時から、男子生徒は女子生徒に、田中さんとか、渡辺さんとか呼び、女子生徒は男子生徒に、鈴木君とか、山田君とか言うのだと聞いて私は驚いた。さんという敬称は同格の者か、目上の人につけることが多く、君は同等の者か目下の者につけるのが普通である。子供の頃からそんな躾をしていては、男女同権どころか、女尊男卑の日本になるのではないかと思わぬでもない。

はっきりすっきり言えばいいところを、断定的な言い方を避け、語尾をぼかすような言い方は活力ある社会のものとは思えないが、これは男言葉の女性化とも関連しているのではないか。私がNHKの天気予報を見ようとして、正午前にテレビのスイッチを入れると、月曜日には野菜情報が映し出されるが、青果市場の男の職員が、「生のまま小さく刻んでいただいて、それに酢をちょっとたらしていただくと、おいしくいただけるんではないでしょうか」などと言っている。視聴者が家庭の主婦だろうから、こういう言い方をしているのだろうが、男だから男らしく「生のまま小さく刻み、ちょっと酢をたらして食べるとうまいですよ」と言っても視聴者の婦人が不快がるわけでもないだろうに、主婦向けに、あんな言い方で言わないといけないと思うのは考え過ぎではないだろうか。

冗漫な日本語は精神の衰弱ではないか

十五年ほど前のことだが、地方の放送局に頼まれて、その地方のある有名な人物についてニ人でテレビ対談したことがある。それを見た知人から、私が対談者の問いかけに、そうですね、と言ってから答えるようなことはせず、すぐ答えていたのがよかった、と好意的な批評を受けたのだが、褒められても、知人の言うことが飲み込めなかった。よく聞いてみると、問いかけには先ず、そうですね、と言ってから答えるのが今の世の中では普通で、その答え方は間のびがしてよくないから、私のように答えた方がよいというのである。それから気をつけてテレビを見ていると、ほとんどの人が問いかけには、そうですね、と言ってから答えているのがわかった。

難しいことを問いかけられて、少し考えてからでないと答えられない場合がある。そんな時は、そうですねえ、と言いながら考え込んで、それから答えることが私にもあるが、他人からの問いかけに、その問いがどんなものであろうと、いつも先ず、そうですね、と言ってから答える習慣は、私には確かにない。しかしそれは私だけではなく、誰でもそうなんじゃないか、と思っていたのだ。

スポーツ選手はボールや闘う相手の動きに瞬時に対応する人たちだから、他人の問いにも、そうですね、と言ってから答えるようなまどろっこしいことはしないだろうと思っていたけれど、意外にもそうではないのだ。現役を引退してプロ野球の解説者になっている元選手が、アナウンサーの問いかけに、先ず、そうですね、と言ってから答えている。

問いかけに、そうですね、と言ってから答える答え方に私が気づかされた十数年前より、その答え方が日本国中にうんと広まっているように思う。景気はどうかと訊かれて、ぼちぼちですわ、と答えるのが普通と思われている商人はそんな答え方をしても別におかしくはないと思うが、農民はしないだろうと思っていたのに、先日テレビで、今年の作柄はどうですか、と訊かれた農民が、「そうですね、去年よりはましです」と答えていた。

スポーツマンと言っても古い伝統をもつ相撲の力士は親方による躾なのか、相撲界の仕来りなのか、大変無口で、アナウンサーの問いかけには余計なことは言わず、口数少なく答えている。普段はお喋りの力士もいるのだろうけれど、場所中のインタビュー・ルームのやりとりなどでは極めて口数が少ない。

「初めて金星をとった気持はいかがですか」

「うれしいス」

「これから千秋楽までどんな心掛けで行きますか」

「一番一番、自分の相撲をとって行きます」

先ず、そうですね、と言ってから答えるようなことはしないが、ただ、どの力士も同じような答えしかしない。これはアナウンサーにも責任がある。違った答えを引き出す工夫をせず、いつも同じような質問をするからだ。それでも学生相撲出身の力士がふえたせいか、自分の気持を素直に述べる力士がふえて来た。いつか新入幕の学生出身力士が初白星のインタビューに、型通りでない答え方をしていたが、先ず、そうですね、と言ってから答えていた。ああ力士もか、と少しがっかりした。

何も彼もスピードアップされている二十一世紀に、何をするにも「させていただく」と言う過剰な遜りの言葉が氾濫したり、「……とか」と語尾をぼかしたり、「そうですね」と言ってからでないと問いに答えない物の言い方がはびこるのは、日本語の乱れではないけれど、私には日本人の精神の衰弱ではないかと思われるのである。

言葉の乱れを助長する辞書

日本語の乱れが問題になり出した時に、それを問題にした人は正しい日本語の基準を頭においていたに違いない。その基準から外れているから乱れと判断したのであろう。

文芸雑誌に、大学教授でもある歌人が、耳ざわりのいい言葉、と書いていたのを見て、その雑誌の私と同学の親しい編集者に、「耳ざわり」は漢字で書けば「耳障り」であって、聞いて気に障ることだから、「耳ざわりがいい」というのはおかしいのではないか、と言ったところ、それから一ヶ月ほど後に彼に会うと、「耳ざわり」にはよしあしのある「耳触り」の意味もあって、それは辞書にも出ているから誤りではない、と反論された。辞書にあるなどとは信じられなくて、手許にあった昭和五十六（一九八一）年発行の「広辞苑」に当ってみたところ、聞いていやな感じがする「耳障り」しか出ていない。その「広辞苑」は古かったから、平成になってから出版された他の辞書には出ているかもしれぬと考え、「日本語大辞典」を引いたが出ていなかった。今年、二〇〇六年一月に発行の「広辞苑」第五版にもない。

その他の辞書はどうかといろいろ当ってみたら、よしあしのある「耳触り」が出ている辞書が幾種類もあるではないか。ところが、「明鏡国語辞典」のように、耳ざわりがいいというのは誤り、とした辞書もあるのである。

耳ざわりには耳障りの意味しかなかったのに、戦後は日本語が乱れて、手ざわりとか肌ざわりとか舌ざわりといった言葉に引きずられ、間違えて耳触りの意味に使う者が多くなったため、多くの人々が使っているから、これはもう通用している日本語として認めてよいと判断し、辞書にとり入れたのではないか、と私は推測した。ところが戦前にも、文士が耳触りの意味の耳ざわりを使っていて、夏目漱石の作品にも出ているという。「耳触り」の出ていない「広辞苑」の編者新村出博士の著書「語源をさぐる」の中の、昭和二十三（一九四八）年に書かれた「日本パン食史序説」に〈パンという音の耳ざわり、その文字の見よさ書きよさ。〉という文章が出て来た。この文章の耳ざわりは、明らかに「耳触り」である。しかし有名な作家や学者が使っているからと言って、それを正しいとすることは出来ない。作家や学者でも、ついうっかり書いてしまうこともあるのだから。

「耳ざわり」は「耳障り」で「耳触り」は誤りと私が思っていたのは、耳目を集める、などと言って、耳と一緒に扱われる目の「目ざわり」には「目ざわりがいい」という言い方がないように、耳ざわりがいいという言い方もないのだ、と思っていたからだ。

私が耳ざわりがいいというのはおかしいと言った時に、辞書に出ているから誤りではないと反論した編集者は、辞書に収録されているのが公認された正しい日本語であると確信していて、正しい日本語か否かを判断する基準を辞書においているからだ。気になる言葉について話しているNHKのアナウンサーも、それが正しい日本語かどうかを、辞書に出ているか否かによって判断しているようだ。辞書に載っているか否かによって、正しい日本語か否かを判断するのが常識であるのに、今見て来たように、「耳障り」を許容する辞書もあれば誤りとする辞書もあるようでは、辞書が基準になるどころか、混乱を招いているではないか。

先に書いたように、十年ほど前、芥川賞受賞作品が「檄を飛ばす」という言葉を激励の意味で使っているのを、ひどい文章だと私に知らせてくれたのは現役の新聞記者であった。その記者は、激励の意味で使っている人が大勢いて、辞書にもその意味として載せていることを知らなかったからひどい文章と言ったのだ。その時点では、私もそんな使い方がされているのを知らなかったが、私はともかく、現役の記者が知らないのに辞書が収録していたことに疑問を持った。私の古いのにはないが、最近買った第五版の「広辞苑」には激励の意味として出ているのを、編者の新村出博士が生きていたらどう思われるだろうか。「新明解国語辞典」がこの用法を誤りとしているのが、辞書としての正しい姿だと私は思うのだ。

辞書を出版する出版社が戦前よりも数が増えたから、競争がはげしくなり、新しい辞書は既存のものより魅力ある特徴を売り物にしようとする。戦前は黒一色の印刷だった辞書を多色刷りにしたり、モノクロの挿絵をカラー写真にしたり、収録語数の多いことや新しい言葉が収録されていることを宣伝している。辞書のはげしい競争の中で、私などには正しい日本語として認めたくないような言葉をも収録してしまうのではないだろうか。

デモンストレーションもサボタージュも、私が生れた大正以前から行われていたようだけれど、日本語ではデモンストレーションを略してデモと言ったが、サボタージュを略してサボとは言わなかった。それらの外来語を動詞化した「デモる」「サボる」という言葉はある。「デモる」という言葉は私が生れる前にもあったかもしれないが、日本語として通用するほど一般的ではなかったように思う。私がその言葉を聞くようになったのは、デモが盛んに行われるようになった終戦直後の頃である。しかしその言葉の拡がりは「サボる」と比べると極狭く、労働組合員やジャーナリストや学生の間だけで、一般市民にまでは拡がっていなかった。「サボる」の方は、学校をサボって映画を観たなどと、労働者の争議行為の匂いのしない、ずるける、とか、怠ける、という意味の日本語になり、ずるけるや怠けるという日本語に劣らず小学生にまで広く使われて、外来語を略して動詞化したものとは知らないで使っている人も多いのではないか。「サボる」は昭和初年発行の「廣辭林」にも出ている。しかし「デモる」は戦前の辞書はもちろん、昭和五十年代の「広辞苑」にも出ていない。ところが、平成になって特にデモが盛んに行われるようになったわけでもないのに、平成の辞書には出ている。これは他の辞書にない言葉をなるべく多く入れようとする傾向のもとに入れられたのだろう。この傾向がいよいよはげしくなって、「耳ざわりのいい」や激励の意味の「檄を飛ばす」を入れるようになったのではないだろうか。

辞書の編纂者が「檄を飛ばす」を激励の意味に使うのは誤りであることを百も承知の上で収録したことは、無知に加担したとしか私には思えない。これは〝赤信号みんなで渡れば怖くない〟を助長する考え方だ。信号無視してみんなで渡る歩行者は、道路交通法に違反している意識をもって渡るのだが、誤った言葉を辞書に収録することは、正しい日本語と認めることだから、赤信号を青信号に変えてしまい、堂々と渡らせているのだ。言葉は時間の経過と共に意味が変ることもあるけれど、誤った言葉を辞書に収録するのにあまりにも性急過ぎるのではないか。誤った言葉を誤りだと教えるのが辞書ではないのか。

国立国語研究所、文化庁、ＮＨＫ、新聞社といったようなところでは、それぞれ不特定多数の人々に質問して、言葉の調査を行っているようだが、調査の結果、誤った使い方をしている人が正しい使い方をしている人よりも圧倒的に多いと、それはもう通用している日本語として認めてよいという考え方をしているようである。それはある言葉を長い間多くの人々が誤って読んでいると、誤りであるけれどもその読み方を慣用読みとして認めるようになったのと同じ考え方である。

「病膏肓に入る」の膏肓はコウコウであるのに、肓を盲と間違えて、コウモウと読む人があまりにも多いので、その誤った読み方を容認するようになった、それを慣用読みというう、と戦前の中学校では慣用読みを教える時には必ず膏肓を例にして教えていたようだ。私も膏肓で慣用読みを教わったが、コウモウが慣用読みとして容認されるようになった詳しい経緯は教えられなかった。膏肓をどう読んでいるかを調査して、コウコウよりコウモウの方が圧倒的に多いから、コウモウを慣用読みとして認めたのだろうか。そんな調査などしなかったのではないか。調査などしなくて、長い時間の経過の中で、誤りを慣用読みとして無理なく認めるようになったのではないだろうか。

ふりがなにも問題

近頃はふりがなのふった書物が少なくなった。私が子供だった昭和初期の頃は、雑誌や新聞にはふりがなが今より多くふられていたから、漢字の音や訓の多くはそれで覚えたように思う。今ふりがなを割合に多くふってあるのは大西巨人氏の作品で、そのふり方には特徴がある。慣用読みのある漢字にふってあるのは、慣用読みの方をふるのではなく、正しい方のをふってある。例えば捏造《でつぞう》、直截《ちょくせつ》、消耗《しょうこう》、対蹠《たいせき》、攪拌《こうはん》、弛緩《しかん》といった具合である。大西さんは、おれの文章はもともと誤りである慣用読みはさせんぞ、と言っているように私には見えて来た。

今年（二〇〇六年）発行の「広辞苑」で、「でつぞう」を引くと、

でつぞう【捏造】⇩ねつぞう

とあるだけで意味の説明がない。「ねつぞう」を引くと、

ねつぞう【捏造】（デツゾウの慣用読み）事実でないことを事実のようにこしらえて言うこと。「証拠を——する」「——記事」

と出ている。同じ辞書で「ちょくせつ」を引くと、

ちょくせつ【直截】①ためらわず、すぐに裁断を下すこと。②まわりくどくなく、きっぱりしていること。「——な表現」「——に言う」「簡明——」

と出ている。「ちょくさい」を引くと、

ちょくさい【直截】チョクセツの慣用読み

と出ているだけで意味の説明がない。「広辞苑」は捏造の場合は正しい読み方には素っ気なく、直截の場合は慣用読みに素っ気ない。捏造と直截とでは扱いが逆になっている

のはなぜなのか。戦後発行の「日本語大辞典」も同じ扱いをしているが、戦前に発行された漢和辞典の「大字典」には揑の音は漢音デツ、呉音ネチ、慣用ネッと出ており、截は漢音セツ、呉音ゼチと出ているだけで、サイはなく、直截もチョクセツだけで、チョクサイは出ていない。昭和三十九（一九六四）年発行の「角川漢和中辞典」では截にはセツの漢音しかなく、直截にはチョクセツとチョクサイの両方が出ている。これで推量すると、チョクサイの慣用読みは戦後に認められたのではないか。「広辞苑」や「日本語大辞典」が揑造と直截の扱いを逆にしたのは、ネツゾウの方は戦前からの慣用読みだが、チョクサイは戦後の慣用読みで、歴史が浅いからだろうか。

先日、著者から贈られた本に「掉美《トウビ》」というのが出て来た。その著者は掉尾を掉美と書くことなど絶対にない人だから、コンピューターが尾を美と打ったのを校正者が見逃したのかもしれない。私はふりがなに引っかかった。著者がふりがなをふらないだろうから、編集部でふったのだろうが、ふるなら慣用読みのトウビではなく、正しいチョウビとふってもらいたい。弛緩にふりがなをふるなら、慣用読みのチカンではなく、正しい方のシカンとふってもらいたい。弛緩をふりがなでチカンと覚え込んだ人は、筋弛緩剤をキンチカンザイと読むだろう。医学界ではキンシカンザイである。

新聞などのふりがなは慣用読みにだけふってあるわけではなく、常用漢字にない漢字にふるのだろうが、そのふりがなが正しい読み方なのか、慣用読みなのか、読者にはわからない。慣用読みのふりがなでその漢字の読み方を知った人は、それが慣用読みであることがわからないから、唯一の正しい読み方と思ってしまうだろう。若い人たちに捏造の読み方を訊ねたところ、みなネツゾウと答え、捏の正しい音をデッと知っている者はいなかった。チョクサイのふりがなで直截の読み方を知った人は、截の音はサイと思い込み、截断《セツダン》や截然《セツゼン》をサイダン、サイゼンと読むだろう。

頓挫したアカデミー・フランセーズ日本版

「檄を飛ばす」が激励の意味として容認されたように、誤った読み方が慣用読みとして容認されるのがどんな経緯で、どんな基準によるのか。それぞれの辞書の編纂者の裁量にまかされているのか、どうもそのようだ。それなら、同じ言葉を辞書によっては日本語として認めて収録するものと、収録しないものと、掲載はしても、それを誤りとするものがあって、混乱を招く。編纂者の裁量にまかせておけば、これからも混乱が起こるに決まっている。

フランスでは一六三五年に創立されたアカデミー・フランセーズがフランス語の純正のために辞典編纂に関わっていて、新しい言葉をフランス語として認めるのに極めて厳しい態度でのぞんでいる、とかねてから聞いていた。日本にもそのような機関が出来たらよいと思うが、明治四十（一九〇七）年にそれをつくろうとしたことがあったようだ。

西園寺公望首相と親しかった読売新聞の竹越与三郎主筆が首相に進言して、明治四十年六月十七日に当代の代表的文士二十名を三回に分けて西園寺邸に招待したのだが、竹越主筆にはアカデミー・フランセーズのようなものを日本につくろうという心積りがあって、その会を進言したようだ。

竹越主筆は当時読売新聞に勤めていた近松秋江に、招待する文士の人選を命じたようだが、秋江がストーブに当りながら、あれはいいが彼は駄目だ、などと言いながら人選していた様子を、同じく読売に勤めていた正宗白鳥[*30]氏から私は詳しくおもしろく聞かせてもらった。戦後、天皇の御陪食にあずかった正宗さんが、当時では、西園寺首相から招待されることは、今、天皇から御陪食にあずかるよりも大変なことだったな、と言っていた。

この招待を受けた文士のうち、坪内逍遥[*31]は丁寧な手紙で辞退し、夏目漱石は「杜鵑厠半ばに出かねたり」というちょっと失礼な句を付した手紙で断り、二葉亭四迷[*32]が断るというのを聞いた親友の内田魯庵[*33]が、頑固すぎると言って出席するように説得に行くと、おれがそんなところへ行くものか、と言って断ってしまったようだ。

文士は昔から権力によるひどい弾圧を常に受けていたから、文士の背骨には反権力思想が一本通っている。招待に応じない文士が出るのは当然のことで、戦後においても、その時辞退したことで三人の文士は賞讃されていた。この招待会の初日は雨だったので、広津柳浪[*34]の命名で雨声会と名づけたが、この雨声会は大正時代に入っても行われていたけれど、アカデミー・フランセーズのようなものになる気配などなく、親睦会で終ってしまったのはちょっと残念な気がする。

第四章

正しく、美しく、強い文章

――文士はどういう努力をして来たか

文章についての三つの戒律

文学者は正しい日本語で、美しく、強い文章を書く人と誰しも思っているだろう。戦前では、文学は先ず文章だ、と文学者たちは考えていたから、作品は先ず文章のよしあしによって評価されていた。佐藤春夫氏は、文章がまずいと言っていた門弟がよく売れる小説を書き、戦後文壇の大家になったのを、大衆作家として名をなした、と言っていたから、文章のよくない作品を文学としてはあまり評価しなかったようだ。

よい文章は正しい日本語によって書かれたものだ。先に書いたように、尾崎一雄氏が、文士は文章でメシを食ってるんだから、言葉の誤りは絶対に許されなかった、と言っていたが、それは尾崎さんに限らず、すべての文学者はそう考えていたであろう。

私は今の世の中の慣例に従って、小説家、劇作家、詩人、文芸評論家など、文学の創造に携わる人々を文学者と書いて来たが、その呼称は学者臭くて、伊藤整氏なども、ぴったりしない呼称だと言っていた。私もそう思う。戦前においては、文学者といえば先ず文学を研究する学者、つまり、国文学とか英文学とか仏文学とかを研究する国文学者、英文学者、仏文学者などのことを頭に浮べる人が多かったようだ。私が持っている昭和三十（一九五五）年発行の「広辞苑」には「ぶんがくしゃ」を引くと文学の研究者、としか出ていない。権力から常に弾圧を受けていて、世間からは胡散臭い人たちと見られていた文士と違い、学者は一般市民から尊敬されていて、社会的地位も高かったから、自分のことを常に文士と言い、文士とは文のサムライだと言っていた高見順氏などは、戦時中に「われわれ文学者は」と言った作家を、己自らを高うする者として非難していた。文士は世の中から白い目で見られ、借家がどこにでもあった戦前においても、なかなか借してもらえなかったほど社会的地位が低かったけれど、野垂れ死に覚悟で誰にも縛られない自由な生活をしていることに誇りを持っていたのだ。

文士は自分たちの社会を文壇と言っているが、世間でいう文壇とは内容が違うのである。大衆小説、純文学、エンターテインメント、戯曲、詩、文芸評論などを書く人々の社会を文壇と言っているが、それは広義の文壇である。純文学を書き、純文学を論じる人々だけの社会も文壇というが、それは狭義の文壇で、この狭義の文壇の人々は独特の文士気質を持っている。これから私が文壇と書くのはすべて狭義の文壇のことである。日本語や文章について極めて厳しい態度をとっていたのはこの狭義の文壇の文士である。

文壇には戒律というと大袈裟だが、文章を書く上で三つの戒律のようなものがあった。
一、常套句を使うな。
二、オノマトペを使うな。
三、記号を使うな。
私が二十年間の文芸編集者として文士から文章を書くいろいろの心掛けを聞いているうちに、右の三つの戒律があることがわかった。

記号を使うな、オノマトペを使うな

三番目の、記号を使うな、から説明すると、記号とは?や!や（　）「　」『　』のような括弧などのことである。例えば「群像」などと雑誌名につけたり、会話であることを示す「　」や『暗夜行路』のような作品名につける『　』などはいいが、それ以外はなるべく使うな、というのである。

文士にはイギリス、フランス、ドイツ、ロシアなどの文学を専攻した人は少なくないが、そういう文士の中には疑問文の最後に?をつける人がいる。「誰だ?」「何時ですか?」と書くわけだが、?がなくてもこれは疑問文であることは明らかであるから、?をつける必要はない、と考える文士は多かった。この考え方には余計なものはすべて省くという文壇の文章美学が背景にあるのだろう。

「食べるか」と問う場合、疑問の形をとらずに、語尾を上げて「食べる」と問うことが日常よくある。それを文章であらわす時に、言った通りに「食べる」と書けば、食べるか、という問いかけだとは、読者にはわからない。その場合「食べる?」と書けば語尾を上げて、食べるかと問いかけたことがわかる。記号を絶対に使わない人はどう書くか。?を使わなければこのような場合は書けないかというとそうでもない。語尾を上げて「食べる」と訊ねた、と書けばいいわけだ。あるいは、小説は現実にあったことを忠実に再現しなくてもよいわけだから、「食べる」と書くのをやめて「食べるか」と書けば?を使わずにすむ。

なぜ文士は記号を使うことをいましめたのか。欧文の表記の記号を、日本文の中に入れることに違和感があったのか、あるいは、印刷されたものを見て、これまで日本の文章になかった記号が入っているのが目障りだったのか。

文章における文字の配列や字面についても神経を使う繊細な文士には、記号は文章の品格をそこなうように見えたのではないか。私は試みに芭蕉の句に記号を入れてみた。

　花の雲鐘は上野か？浅草か？

　散らば散れ！千里一風の鉄線花

確かに品格が落ちる。

　大衆文学では記号についてやかましいことは言わない。手許にあった大衆小説を覗いたら「うぬ?!」「黙れ！」「何かが！　待って！」などがすぐ目についた。大正作家も記号はよく使っていた。明治の作家には？や！はハイカラな感じがしたのではあるまいか。記号を使うことをいましめるようになったのは、大正末年から昭和初年にかけて、純文学の概念が定立した頃からではないだろうか。

　吉行淳之介[*35]氏は戦後の文士だけれど、小説では括弧は絶対使うまいと心に決めていたようだ。エッセイには使うけれど、それもなるべく使わないように心掛けたという。病弱の吉行さんはよく体調を崩していたが、カラダを軀と書いていた吉行さんは、軀の調子の悪い時に書いたものは、後で読み返すと括弧を多く使っていて厭になる、と言っていた。

　今の若い人たちを読者と想定して、戦時中のことを書く場合、例えば、彼は昭和十八（一九四三）年に召集された。

と書けば、召集されたのは今から何年前かがすぐわかる。括弧を使って書くのはこのように便利であるのに、文士は括弧その他の記号を使うのを避けたのは、次のような文章のことを考えると納得がいく。

渋谷へはバスで行くより早く着くから省線で行った。

若い人には省線がわからないだろうから、右の文の省線の下に（当時山手線は鉄道省の管理で、省線電車、略して省線と言った）とつけ足したとする。それで省線とは何かを理解させることが出来る。そういう書き方をしている文章は珍しくない。しかし、一つの文章の中に括弧でくくられた独立した文章が出て来ると、読者は気持よい読書の流れを乱されて、そこはかとない不快を感じるものだ。そのように括弧でくくられた文章がやたらに出て来る文章を読んでいると、いらだち、疲れる。読者をいらだたせ、疲れさせるのはいい文章とは言えない。文士が記号を避けたのが理解出来る。

私が初めて東京に出て来た昭和十四（一九三九）年の春、渋谷から銀座へ行くのに地下鉄に乗ったら、車内の座席で本を音読している年配の人がいた。東京には変った人がいるんだなと驚いたことを今も忘れずにいるが、近づいて読んでいるものを覗いたら、改造社の円本で、高山樗牛*36の評論だった。今の評論家の文章を音読する読者はいるだろうか。明治の評論家は音読に堪えられる文章を書いていたのだ。

左翼の人たちの文章には、昔から括弧が多かった。それは読者に誤解を与えることなく、正確に自分の考えを伝えようとしたからだろう。気持よく読んでもらうよりも、正確に伝えることの方を重んじたのだろう。私は若い頃から、左翼の運動家は大衆のために活動しているのだから、大衆を味方にすべきなのに、大衆には読みにくい、むつかしい文章をなぜ書くのだろう、読書の流れを断ち切るような、括弧でくくった文章を書かず、気持よく読める文章をなぜ書かないのだろう、と不思議に思っていた。

記号は音読出来ない。括弧でくくられた説明のはさまった文章は音読に向かない。音読出来るか否かが文章のよしあしを判定する基準ではないけれど、音読に堪えられる文章はいい文章と言えるのではないか。

二番目の、オノマトペを使うな、について説明すると、先ずオノマトペという言葉だが、擬声語あるいは擬音語という日本語を使わず、文壇用語としてはなぜだかフランス語のオノマトペが使われていた。

村外れの鍛冶屋《かじや》から、槌打《つちう》つひびきが、トッテンカン、トッテンカン、と聞《きこ》えて来《き》た。

犬が、ここ掘《ほ》れワンワン、ここ掘れワンワン、と鳴《な》いた。

とか、

などと、絵本や童話にはオノマトペが盛んに出て来る。このようにオノマトペは子供向けのものに多く使われていて、文章が幼稚になるというのが文士の考え方である。山寺の鐘がゴオーン、ウオン、ウオン、ウオンと聞えて来た、と書くのは子供向けの文章であり、山寺の鐘が長く余韻を引きずって聞えて来た、と書けば、それは確かに大人の文章である。

しかし私は、オノマトペを使うな、という考え方を全面的には肯定することが出来ない。オノマトペが多いのが日本語の特長だと言われているのに、その特長を生かすことを禁じれば、日本語の文章を貧しくするように思われるからだ。それに、日本文学にはオノマトペをうまく使ったすぐれた作品がある。例えば、宮沢賢治[*37]の作品はオノマトペを巧みに、効果的に使っている。釈迢空著『死者の書』には著者独特のいろいろのオノマトペが出て来て、それぞれがぴったりとその時の情景を読者に伝えてくれる。扉を閉めたバターンという音が、閉めた人物の投げやりな心をうまくあらわしていた文章を読んだ記憶もある。

とは言っても、犬がワンワン鳴いたり、烏がカアカア鳴いたりする文章は確かに幼稚であり、通俗的である。場面場面によって、どういうオノマトペが最も効果的かをよく考えて使わない限り、文章が幼稚になったり、通俗的になったりする。だから、オノマトペを使うな、という戒律は、文章を書く上で一般的には守るべきものではあろう。

常套句を使うな

三つのうち、文壇で、最も厳しく言われていたのは、常套句を使うな、といういましめである。

常套句とはどういうものか、思いつくままにあげてみると、抜けるような青い空、黒山の人だかり、絵に描いたような景色、鉛の靴を履いたような重い足取り、矢よりも速く、はたと膝を打つ、鶴のように痩せた、冷水を浴びせられたような、背筋の寒くなるような、目を白黒させて食う、身を切られるような思い、天にも昇るような思い、胸のはりさけるような悲しみ、油を流したような海、などと言ったようなもので、まだいろいろあるが、文壇においてはそれを手垢のついた言葉ともいう。

黒山の人だかり、という常套句は落語や講談にもよく出て来るから、江戸時代から使われていたのだろう。今と違って江戸時代の庶民は藍染めの地味な着物を着ていた人が多かったようだから、遠くから人だかりを見れば黒々と見えたのかもしれないが、私にはどうしても山のように見えたとは思えない。しかし、昔から黒山のような人だかりと言っている。戦後の作家の小説に、北極探険に船出するのを橋の上から見送る大勢の人たちを、黒山のような人だかり、と形容しているのがあった。作者が、大勢の人々の集りを、昔から使われている黒山のような人だかり、という常套句を頭に浮べてそれを安易に使っているようだが、橋の上の大勢の人たちを、黒山のように感じているとは私には思えない。

詩や歌や俳句のような韻文の芸術に対して、純文学の小説や随筆などを散文芸術というが、散文芸術においては作者の血の通っていない文章を書いてはならないのだ。丹羽文雄氏が早稲田大学に入って間もなく小説を書き始めた時に、先輩の尾崎一雄氏から、雨はしとしと降っていた、と書いてはいかん、と教えられたと言っていた。よく人は、雨がしとしと降っていた、と言ったり、書いたりしているが、自分の目で見、心で感じたまま書かないで、ただ概念でもって雨がしとしとと降っていた、と書いてはいかん、と尾崎さんは教えたのだ。

美しい風景を目にして、絵に描いたような美しい景色、と書けば、美しい景色という概念は読者に伝えることが出来る。しかし、どのように美しい景色かは伝わって行かない。美しい景色を常套句によって書くことは極めて簡単だが、その景色がどのように美しいかを読者に感じさせる文章を書くことは、なまやさしいことではない。戦後世に出たある作家が、絵に描いたような美しい景色、という常套句は使ってはいけないことを知っていたのか、それを避けて、それは一幅の絵であった、と書いていた。しかしこれもただ美しい絵のような景色という概念を伝えただけで、どのように美しい景色かは読者にはわからない。

「目を覆わしめるような惨状」と書けば、ひどい惨状という概念は読者に伝えることが出来るが、実状は伝わらない。惨状を描写して、もしその場におれば読者は目を覆いたくなるように書くには大変なエネルギーを要する。しかしそれを書くのが文学である。

文壇では、通俗的な作品を批評する時に、すらすら書いたのだろう、とか、つるつる書いたのだろう、ということがよく言われた。常套句などを使って、安易に書いて行ったのだろうという批評である。

宇野浩二氏は原稿の進みがよいと筆を擱《お》き、散歩に出た、という話は有名であった。原稿の進みがよいと、筆が滑っているのではないか、と警戒したのだ。筆が滑るのは、自分の、目で見、耳で聞き、心で感じたことではなく、概念で書いているからである、と自分をいましめたのである。

文壇では、文章は一刀三拝の精神で書くべし、とも言われた。仏師が仏像を刻む時に、一刀刻んでは三拝するような、それと同じ態度で書くべきだ、という考え方である。実際にはそんな書き方をしていた人はいなかっただろうけれど、心掛けとしてはそうあるべきだ、ということである。

詩人であり、アメリカ文学者であった福田陸太郎[*38]氏は、詩の賞を選考する場合、常套句を使っておればそれだけですぐ対象から外した、と言っていた。大衆文芸には常套句がよく目につくところを見ると、詩や純文学の小説のように、常套句の使用には神経質ではないようである。

すぐれた表現も一度きり

小説を純文学と大衆小説に区別するのはおかしい、という説が時々あらわれる。それはいつも大衆文学の側からあらわれる。時々あらわれるのは、区別が消えることなく依然として存在しているからである。大衆文芸と純文学の相違を云々するのは質の違いなのだが、文章に限って見てみても、明らかに違いがある。

常套句のような、手垢のついた使い古された言葉ではなく、新鮮な形容句であっても、それが同じ作品の中に二度使うことを許さないのが文壇の文章美学である。

私が文芸編集者になった終戦からあまり間もない頃に、高見順氏から聞いた話だが、川端康成氏の『雪国』に、「悲しいまでに美しい」という女の形容が二度出て来たということが文壇で話題になったことがあるそうだ。

女の美しさの形容は、昔からいろいろあるけれど、「悲しいまでに美しい」というのは極めて新鮮で、さすがに川端さんだ、と同業の文士をも感心させたのだろう。だからこそそれが二度出て来たことで話題になったのだろう。いかにすぐれた表現でも、いやむしろ、すぐれた表現だからこそ印象深く、それが同じ作品の中に二度出て来た時には文士たちも頭を傾げたのかもしれない。

新鮮なすぐれた表現でも、同じ作品の中に二度使うと問題になるのだから、長年使われて手垢にまみれた常套句を文壇が許さないのは当然のことなのだ、と思いながら、さて私が新鮮な形容でも同じ作品に二度出て来たら自分がどういう印象を持つだろうかと思いながら、『雪国』を丹念に読んでみた。ところが、高見さんから聞いた時には「悲しいまでに美しい」は女の容貌の形容だと思っていたのに、言葉も少し変っていて、「悲しいほど美しい」とあって、それは女の声の形容であった。その「悲しいほど美しい声」というのが二度ではなく五度出て来た。二度目に出て来た時にはその形容がそんなに気にならなかったが、それが二度どころか、五度出て来たから、私もちょっと引っかかり、文壇で話題になったのがわかるような気がした。

吉行淳之介氏に『男と女の子』という作品がある。それは昭和三十三（一九五八）年の九月号の「群像」に発表したもので、私は生原稿で読んだ。それが単行本となってから数年たって文庫本になった時に、吉行さんは、これが雑誌に掲載される時に、あなたにやられたことは忘れられませんなあ、と言った。その小説に出て来る若い女の子がたっぷり香水をつけていて、その子の通った後には香水の匂いが航跡のように拡がった、という描写があったのを、私が大変褒めたというのである。ところが同じ描写が後にも出て来たので、ね、うまいでしょ、と念をおすくどい役者の演技みたいだ、と私に言われてすぐ削った、と言うのだ。そんな失礼なことを言ったのが恥ずかしくなり、反省した。

新鮮なうまい形容でも、それを同じ作品に二度使ってはいけない、新鮮な文句は、新鮮であればあるほど早く古びる、ということを私も十数年間文壇の中で仕事をしているうちに知ったのかもしれない。

人の心を捉えたある農夫の言葉

言葉というものは一度発せられると、その瞬間から次第に色褪せて、力を失って行くものである。だから多くの人々が使って、手垢にまみれた常套句には力がないので文士は使わないのだが、文士とは逆に、俗世間ではなるべくみんなが使う言葉を使おうとする。人様とは違ったことを言わないように心掛けるのだ。それが世の中を渡って行く上で安全だからだ。例えばどこの会社の停年退職者の挨拶状にも、「四十年間を大過なくすごすことが出来たのは皆様のお陰です」とか、「四十年間をふり返りますと、いろいろのことが走馬燈のように思い浮びます」といったような文句がよく出て来る。支那では走馬燈というが、日本では廻り灯籠というところが多いのに、廻り灯籠のように思い浮ぶ、と書いている人はいない。俗世間で言うちゃんとした挨拶とは、ユニークな挨拶ではなく、人様と違わない、型にはまった挨拶のことである。

私の属していたスポーツクラブの会報に、最後を、御静読ありがとうございました、と結んだ幹部の文章が載っていた。演説の最後を、御静聴ありがとうございました、とよく結ぶ人があるから、その型を文章にも応用したらしい。文士と違って、一般の人は型から外れると不安なのだ。

型通りの文章やスピーチは感銘を与えないが、しかし型は世の中にはなくてはならぬものなのだ。冠婚葬祭で挨拶する時に、型があるから助かるが、なければ大変苦労しなければなるまい。手紙一つ書くにしても、拝啓、春めいて参りましたが、いかがお過しですか、などと時候の挨拶から入る型が使えなかったら、人々は手紙を書く度に苦労するに違いない。お悔みの言葉などは、型を嫌う文士でも斬新な挨拶をする人はなく、どうもこの度は、と型通りにやっているようである。言葉の錬金術師と言われた佐藤春夫氏でも、久保田万太郎[*39]氏の葬儀にお伴しての帰りに、お悔みはどのように言われるのですか、と訊ねたら、お悔みも何も、ただ、どうも、どうもと口の中でもぞもぞと誤魔化すだけだ、と言っていた。

和歌は文学になる前は呪術のための実用品で、例えば嫉妬をなだめるための歌というのがあり、嫉妬に狂った女に対して、その歌を唱えて鎮めたりした、しかし、その歌を何度も繰り返し唱えていると、言葉の力が衰え、従って呪術の力が衰えて来るから、肝心のところは残し、他のところは変えて歌の力をリフレッシュしたのが本歌取りである、という説がある。大昔の人たちも言葉が繰り返し使われていると、力を失うと考えていたのだ。

常套句も初めて目にした人は心を打たれたであろう。気のすすまないところへ行かねばならぬ人の足取りを、鉛の靴を履いたような重い足取りで、と形容したのを初めて目にした人は新鮮な感じを受けたかもしれない。しかし、それが多くの人々に度々使われて常套句となり、陳腐な文句になり果てて、人に感動を与えなくなってしまったのだ。

昭和二十年代の終り頃、「米帝の手先」という言葉を盛んに耳にするようになった。

今では「米帝」とは何のことかわからない人もいるだろうが、米国の帝国主義のことで、「米帝の手先」とは米国の帝国主義の手先ということで、革新団体の人たちが警官に対してその言葉を浴びせていた。

昭和三十（一九五五）年五月、米軍の立川基地拡張のため、近くの砂川町の農地を接収するというので、地元の農民はもとより、左翼の団体や労働組合員や一般市民も参加して、いわゆる砂川基地反対闘争が始まった。私はそれを応援する気持をもって、雑誌にそのルポルタージュを掲載するため、執筆をお願いした梅崎春生氏と一緒に砂川へ行った。紺の作業服を着た機動隊員に向って、労働組合員たちが「米帝の手先、帰れ」とシュプレヒコールを浴びせていた。昭和二十年代の終り頃は米軍基地反対闘争が盛んだったから、機動隊員たちは年中同じ文句を浴びせられていたに違いなく、そんなシュプレヒコールにも感情を表にあらわさず、平静な様子で聞き流しているように見えた。

ところが、梅崎さんとあちこち歩きまわっていたら、今まで見て来たのとはすっかり雰囲気の違った静かなところがあった。麦藁帽子に地下足袋姿の年配の農民が一人で、機動隊員に向って話しかけていたのだ。あんたたちの中には農家の出の人もいるでしょう、自分の親御さんのことを考えてみて下さい、土地を取られる百姓の気持はどんなものか、あんたたちにもようくわかっとるでしょう、と語りかけているのである。報道関係の人たちも、弥次馬たちも、応援の労働組合員たちも静かにそれを見守っていた。機動隊員の中には目を伏せて聴いている者もいた。その農民の静かな言葉は、米帝の手先帰れのシュプレヒコールよりも、どんなに大きな力を発揮していたかわからない。

当時、労働組合とか左翼の団体を革新陣営と呼んでいた。革新陣営では権力側に向って抗議する声明文をよく発表していた。それには、当局の暴挙に対して怒りをこめて抗議する、というようなきまり文句がよく出て来た。革新陣営なのだから、声明文や抗議文にも使い古した言葉は使わず、革新的で、敵に大きな打撃を与えるような文章をなぜ書かないのか、と私は思ったものだ。

長野県の田舎に生れた人から次のような話を聞いたことがある。戦時中、その田舎では召集兵が出征する時、村人は大勢、村の境まで送って行って、出征する兵士はそこで挨拶し、万才三唱して別れるのが仕来りになっていたという。召集になって大変光栄であるとか、お国のために命を捧げる覚悟であるとか、出征兵士の挨拶には型があって、召集された人はそれを暗記したのだそうだ。

ある出征兵士が型通りの挨拶を始めたが、つっかえてしまったので、村人の中からざわめきが漏れ出した。それで一層混乱したのか、召集兵は暫く黙っていてから、もうじき麦踏みをせにゃならんが、自分が出征してしまうと、うちには女房と子供しかおらんので、それが気になって、と話し出したという。村人の中には笑い出す者もいたというが、それは多分家庭を持っていない若い者で、一家を構えている者なら、出征兵士の言葉に胸をうたれたに違いない。

当時のちゃんとした挨拶とは、心にもない勇敢なことを言うことだった。本心からの言葉を口にしてはいけなかった当時においては、人の心を動かす文章を書くのが仕事の文士も心にもないことを書かされていた。人の心を動かす言葉を吐いてはならぬ時代はほんとうに不幸な時代だったのだ。

バカとアホのどちらがきついか

言葉には意味の外に、やわらかいとか、きついとか、汚いとか、それぞれ語感がある。同じ言葉でも地域によって受ける語感が違うようである。言葉が持つ語感の地域による違いと、言葉が使われているうちに次第に力を失って行く例として、私には忘れられない思い出がある。

丹羽文雄氏を最年長とする作家や出版人合せて十人ほどが、東京から名古屋へ行く新幹線の車中で、文章や言葉について雑談をしていた時、バカとアホとどちらがきついかということを私が話題にしたことがある。バカは音もきついし、むかっとさせる響きがあるが、アホはやわらかくて、親しみを感じさせる、という組と、アホと言われると心の底から愚弄されたような気になるが、バカには親愛の情すら感じさせるものがある、という組と二派に分れた。丹羽さんは、バカの方がきついわ、アホは喋っとる調子でつい出てしまうような軽い言葉やけど、と言った。アホの方がきついと言った組はみな関東育ちで、バカがきついと言ったのは関西育ちだった。丹羽さんは伊勢の四日市に生れ育った人だから関西組であった。

関東の人は幼い頃からバカという言葉を年中聞いているので、本来の罵る意味が弱くなってしまっているが、アホの方はバカより耳にする機会が少ないから新鮮で、罵る力が衰えていないのだ。関西の人はその逆で、アホは常套句のように力がないのだ。私はその時、バカとアホとタワケのうちどれが一番きついですか、と訊いたら、関東組も関西組もそれはタワケだ、と言った。関東組にとっても関西組にとっても、名古屋弁のタワケはどれよりも新鮮だったのだ。

関西組が、心から罵るためにはアホでは迫力がないから、ドアホと言う、と言ったら、関東組は、ドアホに対しては関東ではさしずめバカヤローだが、学生の間ではバカヤローも親しみの籠った言葉だから、オオバカヤローかな、と言った。

重んじられた無駄のない文章

文士が文章を書く時の心掛けは、先にあげた三つの戒律のようなものを守ることもその一つだが、最も重んじていたのは、無駄のない文章を書くという心掛けではなかったか。

私小説は否定的な批判を浴びながらも、常に文壇の中央に位置しているのは、数はそんなに多くはないが、確かな愛読者がいるからだ。私小説は主に文士の身辺のことを書いたものだから、極めて地味な小説で、波瀾のある筋があるわけではない。そんな小説がなぜ読まれるのか。世の中の柵《しがらみ》の中で束縛の多い生活をしている一般社会の人たちは、自分の生活に比べて、貧乏ではあるけれども、何ものにも縛られない自由な文士の生活に憧れを持っていて、それに魅かれて読むのだ、と伊藤整氏は言っていた。それは確かにそうかもしれないが、一つには、読ませるのは文章の力だと私は思う。話の筋の転換で、はらはらさせながら読者を引っ張って行く小説と違って、大した変化もない私小説の作者、つまり私小説作家は文学の重点を文章においていた。文章の推敲の跡の見える生原稿を見ると、書き足しは若い女流作家に多かったが、私小説作家は無駄のない文章を書くために、削りに削っていた。

終戦前から胃潰瘍のため故郷の小田原在で病臥していた私小説作家の尾崎一雄氏が、昭和三十五（一九六〇）年頃には少し健康が回復して来て、来年は二百枚以上の長篇を書こうと言われた。私小説は短篇が多いのだが、尾崎さんが二百枚以上の長篇を書くと言われたのは画期的なことだから、私たちは大いに期待した。ところがその小説はなかなか書き上がらず、二年後にやっと書き上がった。私がその原稿を受け取った時、二百枚以上にしては量が少ないので、最後の原稿用紙のナンバーを見たら、一三四だった。私は思わず、二百枚以上と言ってられたのがわずか一三四枚ですか、と言ってしまった。尾崎さんは、二百枚が一三四枚なら目標の七割近くだッ、わたしゃ半分以下になることはしょっちゅうだッ、七割の歩どまりなら上々だッ、と居直るように言った。書くべきことは精選して書き、その書いた文章を削っているうちに、予想していた分量よりも原稿の枚数が大巾に少なくなってしまうのだ。

昭和二十八、九年頃、高村光太郎[*40]氏が中野駅から歩いて五分ほどのところにおられ、そこに訪ねて行った時、近頃の人たちの文章について話されたことがあった。ここから中野駅へ行くのに、パン屋の前を通り、時計屋の前を通りなどと、商店街の一軒一軒を書いて駅に着くという風に、今の人たちは冗漫な書き方をしている、と言われた。

谷崎潤一郎氏はその『文章読本』で「現代の若い人達の文章を見ますと、あらゆる点で言い過ぎ、書き過ぎ、しゃべり過ぎていることを痛切に感じるのでありますが、取り分け眼につくのは無駄な形容詞や副詞が多いことであります」と述べている。

英文学者であり、文芸評論家である中野好夫[*41]氏が名文の例として、ある老農夫の日記の一行を紹介していたことがある。その文章は憶えているのだが、農夫の妻の名を忘れてしまった。仮におみさということにすると、
おみさをらねば餅つく気もせず。

という文章だった。年の瀬も迫り、餅をつく頃となったが、妻が死んでしまったので、張り合いがなく、今年は餅つく気もしない、というこの短い文章の中に、老農夫の長年

連れ添って来た妻との仲の良かった生活が想像され、その農夫の寂しさが胸に伝わって来る。

佐藤春夫氏のエッセイに、

われ四度娶りて三度去る。

という文章があった。佐藤さんは三度結婚しても、安定した家庭を持つことが出来ず、三回の離婚の度に、物心両面にわたってわずらわしいことがいろいろあったようだ。四度目の結婚でやっと安定した家庭を持つことが出来たのだが、その波瀾の多い人生が、この短い文章の中に凝縮されている。

志賀直哉氏の文章にある強烈な力

文士がよい文章とする簡潔な文章を外国人がどう理解しているだろうか。その解答に甚だ都合のよいドメニコ・ラガナ氏の『ラガナの文章修業』という本がある。

ラガナ氏は一九二五年にイタリアで生れたアルゼンチン人で、日本文学研究家である。昭和四十七（一九七二）年日本ペンクラブが主催した「日本文化研究国際会議」に出席し、二年後に、国際交流基金のフェローシップとして再び来日して二年間滞在し、その間、朝日新聞に「ラガナ一家のニッポン日記」を連載していたから、その名を記憶している人もいるだろう。

『ラガナの文章修業』の中に、

短い文の中に豊富な内容を盛り込むという日本語の特徴に気づいたのは、愛読していた作家の文章の短い部分を数回、注意深く読み返してから、本を閉じて、同じ内容を、成るべく手短に自分の言葉で書いてみるという練習を始めてからだ。簡潔に書くこと以外に日本語上達の秘訣はない、ということを実感した。

実は最初のうち、一所懸命に記憶を辿りながら、自分の言葉よりも、作家と全く同じ言葉で書こうと努めていた。そうすれば、日本語の構文法の規則がよく頭に入ると思ったからだ。

書き上げた文章を、お手本と比べてみると、枚数はお手本の二、三倍になっているにきまっていた。

と書いている。ラガナ氏は志賀直哉氏の『兎』を手本として四、五回ゆっくり読み返し、ほとんど暗記して書いたという文章の中の一部を左に引用する。

私が兎を飼ったのは、これで三回になる。第一回目は、私が山科にいたときであり、第二回目は、奈良にいたときだった。しかし、その頃の私は、兎をおもしろい動物とは思わなかった。

この文章は日本語として変なところはないし、大して冗長とも思えない。日本人が書いたと言っても、疑う人はあるまい。

お手本にした志賀さんの文章は次の通りである。

兎は前に山科《やましな》で一度、奈良で一度飼つた事があるが、飼つて面白い動物とは思はなかつた。

両氏の文章の読者に与える情報量は同じであるが、ラガナ氏のは三つのセンテンスになっていて、それぞれに、私が、とか、私は、という主語が明示されており、志賀さんのは一センテンスで、私が、も、私は、もなく、長さはラガナ氏の半分である。ラガナ氏の文章と志賀さんの文章を並べてみると、優劣は歴然としている。

安岡章太郎氏は、志賀さんの文章は短い語句にイメージを生む強烈な力がふくまれていて、何でもない説明的な語句が、読後の印象では大きな空間を持ち、躍動する血のかよった描写になっている、と言っている。志賀さんの文章は確かにそうだが、志賀さんの文章に限らず、無駄のない文章にはイメージを喚起させる力がある。
志賀一門の瀧井孝作[42]、尾崎一雄、網野菊[43]、藤枝静男[44]、直井潔[45]、阿川弘之の諸氏はみな志賀さん風の文章を書く。志賀一門ではないが、尾崎一雄氏に教えられて志賀さんの作品を読み、文学の眼を開かれたという丹羽文雄氏の文章も志賀さんの影響を強く受けている。いわゆる志賀山脈の文士たちには、すべて無駄のない文章を書こうとする態度が見える。

私小説作家の上林暁氏は原稿用紙に毛筆で書いていた時もあったが、筆だと、鉛筆や万年筆と違って文章が流れない、と言っていた。私も礼状は毛筆で書いていたことがあるが、なぜだか、万年筆で書く時より文章が短くなる。鉛筆や万年筆だと着流し姿で胡座をかいて書いている気分になって、文章が冗漫になるのかもしれない。上林さんは筆に墨をつけて原稿用紙に向うと、正座して書く気分になり、引き締った文章を書いていたのだろう。

文士はなぜ削りに削り、簡潔な文章を書こうとしたか。簡潔な文章には読者を引っ張って行く力があるからだろう。私たちが作品を鑑賞する時は、読むことに心を集中させて文章をたどって行くが、文章が冗漫だと集中力が散漫になり、時には目が活字を追っているが、頭は余所事を考えていることさえある。引き締った文章は、読者に緊張を強いると共に快感を与える。読み終え、解放されて、いいものを読んだという満足感に浸った経験を、文学愛好者なら誰でも持っているのではあるまいか。

先にラガナ氏の引用した文章の中に「短い文の中に豊富な内容を盛り込むという日本語の特徴」とあったが、日本語の特徴というからには他の国の言葉との比較において言っているのだろうけれど、それは日本語の特徴というよりは志賀さんの文章の特徴である。志賀さんの文章には無駄がなく、簡潔だからである。日本語の文章でも冗漫なら、豊富な内容を盛り込んではいない。欧文でも引き締った無駄のない文章はイメージを喚起させる力があるのではあるまいか。

下向いて書くな

尾崎一雄氏は、下向いて書くな、と言っていた。下向くとは、読者を自分よりも劣った者と見るということである。自分よりすぐれた人に、せいぜい自分と同格の人に向って、これが私の精一杯のものです、と差し出すのが文学であって、読者を自分より下に見て書いたものは通俗小説だ、と尾崎さんは言っていた。作者が、読者がわからないだろうと考えて、説明を加えたところが通俗的になっているのを私は度々見て来た。親切心からの説明であっても、それは読者を下に見ているからだ。下を向いて書いた文章は、どうしてだか冗漫になっている。

長篇小説などで、大して重要でない人物が初めて出て来た時に、例えば、気の短い太郎は、と書いてあったとする。その人物がずっと後の方で出て来た時にまた、気の短い太郎は、とあると、読者は、くどい、と思う。ところが新聞や雑誌に連載して書き上げた長篇小説にはそれが多い。これは、たまにしか出ない太郎という人物の気の短いことを、読者が忘れているだろうと作者が考えて、もう一度書いているのだろうが、読者を下に見ての余計な配慮なのだ。感興を殺ぐだけである。

文章の無駄を省く、ということは文壇人にはすぐわかることだが、文壇の外の人にはどうもわかりづらいことらしい。文章の無駄とは具体的にどういうことだ、という質問を受けたこともある。それに対して私は、ある同人雑誌に載っていた、

彼女は黙ったまま、ただ一人でぽつねんと佇んでいた。

という文章を示して説明したことがある。「ぽつねん」はひとりだけでいるさまだから、

「ただ一人で」はいらないし、語感としては喋っている状態ではないから、「黙ったまま」はいらない。いらない言葉を削ると、

　彼女はぽつねんと佇んでいた。

となる。これで文章がすっきりする。

　通俗小説などに、

　「人でなし!!」と彼女は彼に憎悪を籠めて大声で叫んだ。

などというような文章がよくある。言葉の後に！が二つもついておれば、大声で叫んだ、と書かなくても、その感じが既に出ている。「人でなし」は人間性を否定した言葉だから、憎悪を籠めて、と書かなくとも、彼女が憎悪を籠めて叫んだことを読者は理解するだろう。

　「食うかい」

　「いただくわ」

この二行の会話で、と彼が訊ねた、とも、と彼女が答えた、と書いてなくとも、日本人には、彼が「食うかい」と訊ね、彼女が「いただくわ」と答えたことがわかる。日本語には男言葉と女言葉があるからだ。この二人の大体の年齢も想像がつく。若くはない。

二人の親密の度合も想像がつく。夫婦に近いくらいの遠慮のいらない間柄である。生活程度もわかる。中流かそれ以上である。書かなくてもわかることは書かず、書かないことによって読者の想像力を刺戟する文章を書くのが文士である。

高見順氏は会話だけを並べて小説を進行させ、状況を巧に描出する作家であった。日本語の特徴を十分に生かして文章を書いていたのだ。日本語の会話なら、と誰が言った、と発言した者を明示せずとも、日本人なら理解出来る場合が多い。英文ではそれが出来ない。と彼が言った、とか、と彼女が言った、とか、会話の主を示さねば誰が言ったかわからなくなる。

高見さんの文体は饒舌体と言われた。饒舌体というと、簡潔な文章の対極にある冗漫な文章のようだが、そうではない。書かずともわかることは書いてはいない。饒舌だけれども冗漫な文章ではないのだ。

いつも高見さんから渡される作品は二百字詰の原稿用紙に書かれたもので、書き加えも、削除もなく、万年筆できれいに書かれている。しかし、これは夫人が清書したものなのだ。夫人の清書する前の原稿を見たことがあるが、鉛筆で書かれていて、書いたり消したりで、黒々となったところに文字が散らばっていた。そんな原稿では編集者も植字工も読めないから、夫人が清書して編集者に渡すのだ。私は高見夫人に秘かに清書納言という称号を呈上していた。

高見さんの饒舌体の文章は、読者にはすらすらと読めた。高見さんは読者に負担を掛けないように、無駄を省き、推敲に推敲を重ね、苦労してなめらかな饒舌体に仕上げていたのが、その鉛筆の下書きでよくわかった。

文士の文章は、簡潔な文章であろうと、饒舌体であろうと、常に無駄を省きながら書かれたものである。

良い文章には豊富な語彙・格調・リズム

俳句には季語というものがある。例えば、「薫風」という季語一語で、爽やかな南風ばかりでなく、その頃の木々の若葉や気温などまで一瞬に感じとり、俳句を鑑賞するのが日本人である。散文では「風薫る五月」と書いたのを見ることがある。わずか十七字の俳句では、風薫る、とあるだけで、さわやかな五月の世界を感じとるから、風薫る五月、とは書かない。俳句では乳ふふむ赤子、とは言わない。乳ふふむ、と言えばすぐ赤子が頭に浮ぶからである。そういう言語感覚で文学を愛読している人は、書かなくてもわかることを書くと、くどい、という感じを持つ。するどい言語感覚を持つ文士は文章を書く時には、余計なことは削りに削ってしまう。しかし、ただ無駄を削りに削ればいい文章になるというものではない。

芭蕉は舌頭に千転して初めて句になる、と言ったようだ。私は折口信夫先生に何度も研究旅行に連れていってもらったことがあるが、初めて参加した万葉旅行で、秋の大和の野道を歩きながら、先生が口の中で何かをぶつぶつとつぶやいているのを見て、何をつぶやいておられるのだろうか、と思ったのだが、常陸から磐城へ越えた民俗採訪の旅行でも、山道で同じようにつぶやいておられたので、釈迢空という高名な歌人でもある先生は、今は歌人釈迢空となって、歌を詠むのに舌頭に転がしていい言葉を探しておられるのだ、と気づいたことがある。俳人や歌人ほどではないにしても、散文芸術家である文士も同じように、自分の頭にある語彙の中から、最も適切な言葉を探して文章を書いているのだ。

先に述べた、二百枚以上の長篇と言ったのが一三四枚になってしまった尾崎一雄氏の小説『まぼろしの記』は昭和三十七（一九六二）年度の野間文芸賞を受けた。賞金は百万円で、当時の文学賞としては最高の賞金であったから、尾崎さんはこれで当分の間は何も仕事をしないで怠けているつもりだ、と受賞の挨拶で言った。尾崎さんは「師走あれこれ」という随筆で、受賞してからの一年間をふりかえって、この一年間、言った通りにほとんど仕事をしなかったと書いていたが、野間文芸賞の受賞を「野間文芸賞に当った」と書いていた。私はこの「当った」にいたく感心した。

一般の市民なら、はからずも野間文芸賞を「頂戴した」とか「戴いた」とか儀礼的な言い方をするだろう。儀礼的な言い方をしない人は「受賞した」とか「受けた」と言うだろう。それは受賞したという事実を告げたに過ぎないから、受賞者の心のうちはわからない。「当った」には、宝籤にでも当ったような、幸運が転がり込んで来た受賞者の喜びが伝わって来る。それにそこはかとないユーモアが感じられるではないか。

武田泰淳氏が、中野重治さんは凄いよ、足がらかけて倒した、なんて書くからね、と言っていたことがある。「倒した」だけでは倒したという行為の報告に過ぎないが、「足がらかけて倒した」には、倒した方法だけでなく、倒した者の感情までがこちらに伝わって来る。

いい文章を書くことは、先ず言葉の選択から始まる。野間賞を「受けた」を、野間賞に「当った」にし、「倒した」を「足がらかけて倒した」としたことによって、素っ気ない文章がふくらむ。文章を書く場合、人は自分の持っている語彙から言葉を選び出して書くわけだが、豊富な語彙を持っている人は、わずかな言葉から選び出さねばならぬ貧弱な語彙しか持っていない人よりは、表現の巾が広くなる。戦前に教育を受けて成人した人と、戦後の国語改革以後に教育を受けた人との間には、漢語による語彙の量に大きな違いのあることが、雑誌編集の仕事をしていてよくわかった。漢字が制限され、音訓が限定された国語改革によって教育された人たちは、漢語の語彙が少ない。従って和漢混淆文は書けないだろう。明治作家や大正作家が書いていた和漢混淆の雄勁《ゆうけい》な文章が、現在では文芸の世界から影をひそめてしまったのも、国語改革以後の教育のせいであろう。

最近は、格調の高い文章ということをとんと聞かなくなった。佐藤春夫氏が急逝した時、葬儀で川端康成氏が弔詞を読んだ。その弔詞は筆で書かれた実に格調の高い和漢混淆文であった。支那文学科を出た柴田錬三郎氏[*46]がそれを見て、川端さんの小説には中学を卒業した者にわからないような言葉は全然出て来ないけれど、弔詞を頼まれると、さっとこのような文章が書けるんだ、文章で身を立てている者は、頼まれればさっとこのような文章が書けなきゃいかんのだね、と言っていた。格調の高い文章は和漢混淆文とは限らない。古典を読めば、和漢混淆文でない格調の高い文章はいくらでもある。

現在、総合雑誌や文芸雑誌はもちろんのこと、新聞や大衆雑誌にもカタカナ語が氾濫している。新聞はどの程度の理解力のある読者を想定して製作しているのか、多分義務教育を終えた者なら理解出来るような文章にしていると思うが、義務教育より高い教育を受けた人にとっても、現在紙面に氾濫しているカタカナ語のすべては理解されないのではあるまいか。

維新後の明治の知識人は、西欧先進国に追いつくため、西洋の言葉の翻訳に大変な苦労をして、日本の文化の向上をはかったのだと思う。それはまさに国士の気持で翻訳したのだろう。ところが現在では、外国語は日本語に翻訳しないで、その発音と近いカタカナで表示しているだけである。そのため、そのカタカナ語が何国語かわからないし、スペリングもわからないから、辞書を引くにも簡単には引けない。カタカナ語辞典というのが何種類も出ているから、カタカナ語がわからなければそれのお世話になるしかないが、それに出ていないカタカナ語は少なくない。

今まで日本になかった物が入って来た場合、例えばスカートとかトマトのように目に見えるものならば、原語に近いカタカナで表示しても、カタカナのままで日本語として定着して一般庶民のものとなるだろうが、抽象名詞などがカタカナ語のままでほっぽり出されていたら、知識人の言葉とはなっても、一般庶民の日本語にはならなかっただろう。ライトとかデューティーとかを明治の知識人が権利とか義務とか訳してくれたから、庶民もそういう概念を身につけることができたのだ。

世界の先進国の仲間入りしている今の日本の知識人には、明治の知識人のように、おくれているわが国を、欧米と肩を並べられるように向上させようといった気持がないだろうから、外国語をカタカナで表示するだけで、苦心して日本語に翻訳しようとしないのだ、とも考えられるが、やまとことばには乏しい抽象的概念をあらわす言葉が入って来た時、明治の知識人は漢語によって翻訳したけれど、戦後の国語改革後に育った知識人は、明治の知識人のような漢学の素養がないから、それが出来ないので、カタカナで表示するだけで、ほっぽり出さざるを得ないのかもしれない。多くの人々に的確に自分の考えを伝えるには、語彙を豊富に持っていることが大事であるが、外国語の語彙を豊富に持っていても、それをカタカナで表示しただけですますのでは、日本人に幅広く、しかも充分に意思を伝達することは出来ないだろう。カタカナ語がやたらに出て来る文章は褒められるべき文章とは言えまい。

いい文章にはリズムがある。散文には詩歌にあるような韻律がないからリズムがないと思われるだろうが、散文のリズムを大切に考える文士もいた。私たちが文学作品を読んでいて、気持よく読み進んで行けるものと、そうでないものがある。それは文章のリズムによるのではないだろうか。作品の世界にすっかり浸って読了するのは、その内容に魅かれたからであるが、文章のリズムに乗せられて読んでいるからでもあろう。

小説には七五調のような文体で書かれたものがあるが、そういう講釈師の口演を筆記したようなリズムのある文章には通俗性が濃厚であるとして、日本の文壇では評価されなかった。七五調のような文体でなくとも、名詞止めが多いような、調子づいた文章は、張り扇の音が聞える、といって、つまり講釈師の語り口のようだということで評価されなかった。表面にあらわれるようなリズム、講談や浄瑠璃や浪花節から香具師や蝦蟇の油売りの口上に至るまで、昔からあった大衆を魅きつけようとするリズム、そういうリズムの通俗性を散文芸術においては排除したのだ。文士は自由律の俳句のような、散文の自由律とでもいうべきものを重んじたのであろう。

文士は誤った言葉を絶対に許さなかった

いい文章とは、何よりも正しい日本語で綴られていなくてはならない。今の文学界では誤った日本語が目についても、それを問題にすることはほとんどないが、昔の文士は誤った日本語は絶対に許さなかったということを示す一つの挿話を紹介してこの本を締めくくることにする。

昭和四十五（一九七〇）年の八月号より、四十七年の四月号までの「群像」に、佐多稲子氏が『樹影』という小説を連載し、それが本になって、昭和四十七年度の野間文芸賞を受賞した。野間賞の贈呈式は例年十二月十七日に行われる。その年の文壇的な催しの最後だから、文壇の忘年会と言われていて、文学界、出版界、マスコミ関係、紙や印刷などの出版関連業界などの主だった人々数百人が出席する。

贈呈式では賞の贈呈が終ると、選考委員の一人が選考経過を報告し、その次に受賞者の親しい人か理解者がお祝いを述べることになっている。佐多さんの受賞の時は中野重治氏がお祝いを述べた。佐多さんの文学者としての出発には中野さんが深くかかわっており、両氏は革命的作家として、戦前から共に闘って来た同志で、その美しい友情を知らぬ文壇人はいないから、お祝いを述べるのは中野さんをおいて他にはいないと誰もが考えていた。

中野さんは壇に登ると、佐多さんの人と文学について語り、受賞作『樹影』のすぐれた点を述べてから、最後に、この小説の中の一つの言葉だけは日本語として容認することが出来ない、と言って壇を降りた。

会場には、中野さんの言った一つの言葉とはあれだろうか、これだろうか、という囁きがもれ、式が終って祝賀パーティーの会場に移っても、その囁きは続いていた。

会が終ってから、私は中野さんと車で銀座へ出た。車の中で、あの容認出来ないと言われた言葉は、あれだろう、これだろう、と話し合ったけど、結局誰にもわからなかったのですが、あれは何という言葉ですか、と私は中野さんに訊いてみた。すると中野さんは大きな声で、なにッ、君もわからんのかッ、君は折口信夫に恥じねばならんねッ、と言った。つまり中野さんは、長年誤った言葉を見つけては訂正して正しい日本語の出版を仕事にしていた君が、しかも君はあの折口信夫の弟子でありながら、あの言葉を見逃すとは何たることだ、と言ったのである。

その時の車の中でも、中野さんはその言葉がどういう言葉だかを言われなかったが、後で佐多さんが中野さんから聞いたと書いていたのは「しどけていた」という言葉だった。「だらしない」という言葉があって、「だらけていた」という言葉があるから、それに引っ張られて、「しどけない」という言葉があるから「しどけていた」という言葉を佐多さんがつい書いてしまったのではあるまいか。

これが文壇でのことでなくて、一般社会でのことだったらどういうことになっただろう。お祝いを述べることになった人は、誤った言葉に気づいていても、それを口にする人はいないだろう。中野さんのようなことをすれば、何もお祝いの席で、わずか一つの言葉の誤りをとりあげて、満座の中でケチをつけることはないじゃないか、誤った言葉を指摘するにしても、そっと教えてやればいいじゃないか、ということになるのではないか。一般社会では、中野さんのしたことは、おとなげない、ということになるだろう。しかしその日の文壇人の反応はそれとはまるで違っていた。その頃は、純文学の小説にも誤った日本語が目につき出した頃だったから、長篇小説の中に誤った言葉が一つだけあったということは、佐多さんの小説には一つしか誤った言葉がなかったということで、誤りの少ないことを印象づけることになったということもあるが、いかに親しい人の作品でも、誤った日本語が一つでもあれば、それをそのままにしておくことが出来ず、それを公の場で正して行くという中野さんの文士としての厳しい態度に、文壇人は強く心をうたれたようであった。

あとがきに代えて

編集者には、日本語を守るという重大な責務があることは、編集者になってから、私の頭を離れることはなかった。今、それを誰に教わったのか、思い浮べようとしても、誰も思い浮ばない。新人にそういうことを教えるのは、編集長か先輩のはずだが、私はその人たちの誰からも教わった記憶がない。編集者にとって至極当然の責務だから、誰から教わったわけでもなく、文芸雑誌の仕事をしているうちに、いつしかそれを自覚するようになったのかもしれない。

その責務を常に頭においていた私は、原稿は必ず鉛筆を片手にして読んだ。日本語として疑問に思う言葉があると、それで印をつけ、辞書などで調べた。調べてもわからないと、筆者に問い合わせた。

佐藤春夫氏の原稿にわからぬ言葉があって、訊ねたところ、鷗外先生が使っておられるんだ、と言われた。佐藤さんとは何の接点もないと思っていた平林たい子氏の原稿にもわからぬ言葉があって、訊ねたら、鷗外さんの作品にあるんです、と言われた。それで私は、大正作家や昭和作家は鷗外の文章を範としていたに違いないと思った。幸田露伴や夏目漱石の名をあげてもよさそうに思ったが、その名をあげる文士はいなかった。

私が「群像」の責任者になって二年ほどたった頃、ある企画の依頼のため、車で作家まわりをしていて、三島由紀夫氏を訪ねたら、「群像」が誤植が多いという噂がありますが、どうなんですか、と言われた。私は担当したことはないが、学生の時から愛読していて、連載小説も書いてもらった作家が、文士の集っているところで、「群像」は誤植がひどくて、もうあそこには書く気がしない、と言っていたというのである。それを聞くと、私はすぐ車を飛ばしてその作家を訪ねて行った。人間のすることだから、誤植のない書籍や雑誌を拵えることなど不可能だ、と言われているほど誤植は避け難いものだが、とは言え、誤植は絶対に許されるべきことではない。編集者が、筆者が書いた正しい日本語を誤った日本語に変えて、全国にばら撒いてしまうことだから。

私は作家にお目にかかるとすぐ、誤植のお詫びを言い、どんな誤植なのかを訊ねた。ウンピに運を天にまかせるウンプテンプをウンピテンプとしてある、と作家は言った。ウンピには滑稽な響きがある。作家は、こんな誤植されるより、下駄履いてた方がましだ、と言った。当時の活版印刷では、植字工が誤って活字の一本を逆様に組んでしまうと、下駄の歯跡のような太い〓の字が印刷される。それを下駄を履くと言った。

帰社すると、私はすぐ原稿を調べた。原稿には、運賦天賦、と書いてある。雑誌には、運否天賦、となっている。校了の時にゲラがそうなっているのを見た記憶があった。私は三、四種類の辞書を引いたが、運の吉兇は天にあり、という意味の言葉はすべて運否天賦と出ている。作家は運否をウンピと読んだのだろうが、「大字典」には、否はヒが慣用音、ヒウが漢音、フが呉音と出ていた。

その大家は、もしかしたら、若い頃、運を天にまかせることを運賦天賦と書いてあるのを何かで読んで、それを正しいものと思い込んで、今日まで来てしまったのかもしれない、あんな立派な大家でも、思い込んでしまうと間違いに気づかないこともあるのだ、ましてや自分のような若くて物を識らぬ人間が、他人の文章におかしいと思われる言葉があっても、迂闊に口出しをしてはならぬ、よく調べ、それが間違った言葉だという確証を得てからでないと、筆者に問い合わせなどしてはならぬ、と肝に銘じた。私には失敗した数々の経験があったからだ。

モドルを、戻る、と書いた新人がいたから、私はふざけて、てんで間違いです、と言って戾に直したら、その新人が、辞書の戻の字の載ったところを私につきつけて、辞書にもこのように出ています、間違いではありません、と言った。戾の字は、戸の下から犬が出るという意味があって出来た、というような朧気な記憶があったので、点が足りないから、点で間違いだ、とふざけて言ったのだが、私は面目を失った。

戸冠に大では形が似ているだけだ、戾という漢字の成り立ちを無視している、臭の新字体を臭にしたのも同じことだ、犬が走りながら鼻でにおいをかぐことをあらわしたこの字の成り立ちを考えず、ただただ画数を減らすことしか考えない新字体の制定の仕方を怪しからんと思った。

國という字の新字体を調べてみた。新字体は確か国だ。私は、國には国よりも一画少ない国という俗字のあることをたまたま知っていた。國の新字体は国で、新字体は國の俗字国に一点を加えたもの、と説明した漢和辞典もある。新字体は旧字体の画数を減らすだけではなく、増やすこともあるのだ。

学生の文章に刺激とあったのを刺戟と直して失敗したこともある。戟が常用漢字にないから激になったのをその時知った。かすかな刺激にも反応する、という文章には、刺激ではしっくりしないではないか。

波乱万丈とあるのを、波瀾万丈と直しかけて、待てよ、今ではこう書くのかもしれんと思い、辞書を引いたら、波乱はちゃんと出ていた。

浅学非才とあるのを見て、学が浅く才が菲《ウス》いことだから、菲才であって、非才はおかしい、と思ったが、念のため手許にあった小型辞書を引いたら、浅学非才が出ていて、学がなく才能に乏しいこと・人、と説明してあった。

私は国語改革以後の字体や言葉について自信を失いかけたが、これは私が悪いのではなく、国語改革が間違っているのだ、と思うことにした。

恰好の恰が常用漢字にないので格好となったが、埴谷雄高氏がそれではカッコウの感じがしないから、おれは間違いを承知で格構と書くからそれで通してくれ、と言うので、埴谷さんに限り格構にした。運賦天賦と書いた大家も、自分の感覚でそう書いたのだ、と言われるかもしれないと思い、辞書には運否天賦となっていたので、作者に問い合わせずに校正してしまったことをお詫びします、と手紙を出した。それから暫くして、その大家がわが編集部の担当者に、甲州のよく行く温泉宿で、その北にある温泉の湯は赤く濁っていると言ったら、番頭が、あそこの湯は澄んだ湯です、と言うので、自分は何度も入って知っている、濁った湯だ、と言い張ったところ、先日行ってみたら、番頭の言う通り澄んだ湯だった、という話をされたというのだ。それを聞いて、その大家らしく、運賦天賦とずっと思い込んでいたが、人間には間違った思い込みをすることがあるものだ、という反省を、湯の清濁にことよせて、われわれに言われたのだ、と私は解釈した。

私は日本語を守る責務を忘れずに仕事をしてはいたが、自分の知識の浅いことは自覚していたから、文士の文章の疑わしいと思う言葉については、ウンプテンプ以後一層慎重に対処していた。戦前の文士には稀にしかなかった疑わしい言葉が、戦後の作家には年々多くなって来たけれど、私は同じように慎重に対処しているつもりだった。編集部員にも、日本語を守る責務を自覚させ、その上に、疑わしい言葉だけでなく、常套句や通俗的表現がないか、注意して原稿を読むようにと言い、身を以て範を示しているつもりだった。

私が「群像」をやめてから何年もたってからだが、吉行淳之介氏が若い英文学者と共訳で、ある本を出版した時、私の編集部員だった後輩がそれを担当した。その担当者が、適当でないと思われる言葉や表現について実に細くチェックするので、そんなことをされた経験のなかった吉行さんの共訳者は驚いて、そのことを吉行さんに話したら、あの担当者は確かにそうだが、彼の親玉はそんなもんじゃない、もっと凄かった、と言ったということが聞えて来た。私は編集者なら誰でもしていることをしていたに過ぎぬと思っていたから、吉行さんの言葉に意外な気がした。

本が広く読まれている評判のいい作家の作品を、私が自分の雑誌に載せる気がしなかったのは、常套句などがどんどん出て来て、文章が雑だったからだが、その作家が厖大な資料を調べて書いたという作品の内容に興味があって、手に入れて読んだことがある。相変らず文章が雑なので、厖大な資料を渉猟して、こんないい材料に取り組んでいるのに、どうしてこんな雑な文章で書くのだろう、勿体ない、と思いながら読了した。その作家と親しく、文章にも一家言を持った作家に、その作品を読みましたか、と訊いたら、読み出したが、飯をがばがば食った、という文章が出て来たところで止めてしまった、と言った。そんな書き方をしたり、常套句を使ったりしてはいけないと、親しい後輩なんだから、教えて上げればいいのに、と言ったら、今時面と向ってそんなこと言うのはあんたぐらいのもんでしょ、と言って笑っていた。

二十年間同じ態度で仕事をしていたつもりだが、私が現場を退いた頃には世の中が変ってしまっていて、文士の原稿に間違った言葉があったり、陳腐な表現があったりしても、編集者がとやかく言わなくなったらしく、それで私はとてもうるさい編集者だったということになってしまったようなのだ。編集者にとって、本や雑誌を売ることが何よりも重要な責務であって、今では日本語を守るという責務を頭において原稿を読む編集者などいないというのだが、それは編集者が手抜き仕事をしているように、私には思えてならない。

私が編集長の時に編集部員として入って来て、私が退いてから何代目か後の編集長になっていた後輩に、その時連載していた小説に関して忠告したことがある。その小説は重い問題に取り組んだ力作であった。その作者は日本人ではないのだが、日本語で小説を書いている以上、当然日本文として評価されるわけなのに、日本文としてはちょっとずれた表現が時々出て来るのだ。そういうところをなぜ作者に話して手を入れてもらわないのか、そういう箇所に手を入れれば、あの小説は一段とよくなる、君たちは作家に不親切だ、と言ってやったら、後輩は、あなたの時代とは時代が違う、今はあなたのしていたようなことは誰もしませんし、ぼくも出来ません、あなたが直接作者に話してくれるんなら、作者に話しますがいいですか、作者はどう言うかわかりませんけど、と言うのだ。ちょっと面倒なことになると思ったけれど、ああいいよ、と言ってしまったら、数日後、作者が私の意見を聞かせてほしい、と言っていたというので、会って半日ほど、その連載小説のおかしいと思われる表現について話し合った。作者は私の意見を快く聞いてくれた。私のようなことをすると、作家の反撥を食うと今の編集者たちが言うが、それはどうも嘘なのじゃないか。

私が編集の現場を離れて四十年以上になるのに、現役当時に原稿を書いてくれた文士の中には、いまだに著書を出すと贈って下さる作家がいる。私は大変有難く思い、鉛筆片手に精読する。誤植や明らかな事実の間違いがあったり、疑問に思うところがあると、本の礼状の末尾に、再版の時の参考にでもなればと思って、それを書く。

私のしていることは、今の編集者と違っているため、私はうるさい奴ということになっているようだが、言葉にうるさい人というのは、言葉について大変な蘊蓄があって、少しの間違いをも許さない人のことだ。私には蘊蓄などない。国文科を出ているが、在学四年のうち、一年と八ヶ月は海軍にとられていた。折口信夫先生の教えを受けて、民俗学は割に熱心に勉強はしたけれど、身のほどもわきまえず、将来は折口民俗学の方法論で「古事記」を解明しようともくろんだ。海軍に入る時に岩波文庫の「古事記」一冊だけをトランクに忍ばせて、暇を見てそれを暗記しようと考えた。しかしそれは妄想だった。軍隊ではそれを読むゆとりなどなく、厳しい訓練の中で勉学の志などさっぱりなくしてしまっていた。もともと国語学には興味を持っていなかったから、復員して復学し、大学は卒業しても、私には国語についての何の蘊蓄もない。国語について、一般の人にまさる多少の知識が私にあるとすれば、それは日本語で書かれた文章を紙に印刷して売る編集者としての仕事の上で身につけたものだ。

あいつは言葉や文章についてうるさいこと言うが、自分では立派な文章は書けないんだ、と私について言った人があると聞いたが、それは全くその通りである。編集者は物を書くのが仕事ではない。書いても編集後記くらいのもので、私は在任中にずっと書いて来たが、今ではほとんどの雑誌から編集後記は消えてしまった。

私のことをレッスンプロだと言った作家がいた。ゴルフのレッスンプロはゴルファーの欠点を直し、長所を伸ばすのが仕事である。優秀なレッスンプロは名選手を育て上げるが、自分自身はすぐれたプレイヤーではない。しかしレッスンプロは名選手を育て上げるが、編集者は作家を育てることなど出来ない。作家は育てられるものではなく、本人の才能と努力によって成長して行くのだ。

私が言葉や文章にうるさい奴だと一部の文士から言われているのを知っていた出版元のアートデイズの社長に、かねてから言葉や文章について、まとまったものを書け書けとすすめられていたが、国語学者でもなく、国文学者でもなく、教育者でもない私に、そんな大層なものが書けるわけがないと、そのすすめには乗らなかった。

ある日、ある料亭の板前が、主婦向けの家庭料理の作り方を放送しているテレビを何気なく見ていて、栄養学者とか料理研究家といったいかめしい肩書の人ではなく、長年料理を作って来た職人としての板前の話は、家庭の主婦にとって大変実用的で有益なように思われた。料理をつくる板前は、文学の世界に移せば小説を書く作家の立場だが、日本語の文章を紙に印刷して売る職人としての編集者は、作品は書かない。しかし編集者が文士を相手として仕事の上で得た言葉や文章について考えて来たことを述べれば、板前のようにはいかないにしても、これから文章を書こうとする人たちにとって、板前の何分の一かの実用的な知識として役に立つかもしれぬ、とふと考えて、今年になって、アートデイズ社長のすすめに応じる気持になった。

私は乞われて言葉や文章について、あちこちに短いものを書いて来た。それらを編集し、それに近頃考えたことを加えて書き上げたのが本書である。

〔註〕 注記したのは亡くなられた方に限りました（編集部）。

＊1**折口信夫**（おりくちしのぶ） 国文学者・民俗学者・歌人。明治二十年〜昭和二十八年。大阪府生まれ。明治四十三年、国学院大学卒。大正の初め、柳田国男の知遇を得、終生の師とする。大正十一年国学院大学教授。昭和三年慶大国文科の主任教授。民俗学を国文学研究に取り入れ、特に古代文学史に発生的な見方を導入し、国文学研究に新境地を開いた。『古代研究』三巻が代表的著作。釈迢空の名で歌人としても知られ、歌集に、『海やまのあひだ』ほかがある。

＊2**伊藤整**（いとうせい） 小説家・評論家。明治三十八年〜昭和四十四年。北海道生まれ。東京商科大学（現一橋大）中退。昭和四年頃から小説を発表。ジョイスの影響を受けて新心理主義文学を提唱。戦後は、翻訳した『チャタレイ夫人の恋人』が猥褻文書頒布罪で起訴され、「チャタレイ裁判」の渦中の人となった。小説では『鳴海仙吉』『氾濫』など、評論では『小説の方法』などがあり、他に『日本文壇史』がある。

＊3**高見順**（たかみじゅん） 小説家・詩人。明治四十年〜昭和四十年。福井県生まれ。旧制一高を経て東大英文科卒。マルキシズム文学の影響を受けて出発し、昭和八年に治安維持法違反で検挙された。昭和十年、転向小説『故旧忘れ得べき』で文壇に登場。戦時下の庶民の哀歓を描いた『如何なる星の下に』で作家としての地歩を固めた。戦

後の代表作は、大正から昭和の動乱期を描いた『いやな感じ』。詩集『死の淵より』で野間賞受賞。晩年、日本近代文学館創立に尽力。

＊4**草野心平**（くさのしんぺい）詩人。明治三十六年〜昭和六十三年。福島県生まれ。慶應普通部中退。大正十年から中国の広東に滞在して、嶺南大学に学ぶ。昭和十年『歴程』を創刊。戦後は『定本蛙』に集大成された蛙の詩により第一回読売文学賞受賞。昭和六十二年文化勲章受章。

＊5**尾崎一雄**（おざきかずお）小説家。明治三十二年〜昭和五十八年。三重県生まれ。早大国文科に進み、在学中から小説を発表。志賀直哉に師事。代表的私小説作家。昭和八年の『暢気眼鏡』で芥川賞受賞。戦後の代表作は『虫のいろいろ』『まぼろしの記』など。昭和五十三年文化勲章受章。

＊6**上村占魚**（うえむらせんぎょ）俳人。大正九年〜平成八年。熊本県生まれ。東京美術学校卒。高浜虚子らに師事。昭和二十四年「ホトトギス」同人となる。後、「みそさざい」創刊。叙情的な写生句を得意とする。句集『鮎』など。

＊7**中島健蔵**（なかじまけんぞう）仏文学者・評論家。明治三十六年〜昭和五十四年。東京生まれ。東大仏文科卒。昭和九年から三十七年まで東大仏文の講師。文芸評論、著作権保護、日中文化交流など幅広い文化活動に尽力した。

＊8**近松秋江**（ちかまつしゅうこう）小説家。明治九年〜昭和十九年。岡山県生まれ。

東京専門学校（現早大）英文科卒。樋口一葉に傾倒して師事せんと志したこともある。明治四十三年、『別れたる妻に送る手紙』で文壇にデビュー。自然主義的手法で男女の愛欲を描いた『黒髪』は、大正期の私小説の傑作といわれる。

＊9**山本健吉**（やまもとけんきち）文芸評論家。明治四十年〜昭和六十三年。批評家石橋忍月の子として長崎市に生まれる。慶大国文科卒。改造社などで編集者を経験したあと、昭和十八年、評論集『私小説作家論』で評論家として出発。俳句批評にも優れ、『最新俳句歳時記』などの作品がある。

＊10**上林暁**（かんばやしあかつき）小説家。明治三十五年〜昭和五十五年。高知県生まれ。東大英文科卒。改造社に入社し、編集者生活をしながら小説を発表。昭和八年、第一創作集『薔薇盗人』刊行を機に作家生活に入る。戦後、相次いで発表したいわゆる「病妻もの」と呼ばれる作品は私小説の傑作として評価された。

＊11**西脇順三郎**（にしわきじゅんざぶろう）詩人・英文学者。明治二十七年〜昭和五十七年。新潟県生まれ。慶大理財科卒。大正十一年に渡英。オックスフォード大学で古代中世英語、英文学を学ぶ。滞英中に、T・S・エリオット、ジョイスなどの影響を強く受け、最初の詩集を英文でロンドンで刊行。帰朝後、母校の文学部教授となり、シュールレアリスムの紹介者として評論、詩作を活発に始め、新詩運動の中心的存在となった。戦後『旅人かへらず』はじめ多くの詩集を刊行した。

＊12 **池田弥三郎**（いけだやさぶろう）　国文学者・民俗学者。大正三年〜昭和五十七年。東京生まれ。慶大国文科卒。折口信夫に師事し、折口学を継承。随筆家としても知られ、マスコミでの社会時評には定評があった。

＊13 **遠藤周作**（えんどうしゅうさく）　小説家。大正十二年〜平成八年。東京生まれ。十歳の時カトリックの洗礼を受ける。慶大仏文科卒。昭和二十五年フランスに留学。帰国後の三十年、『白い人』で芥川賞を受賞し、作家生活に入る。日本人にとってのキリスト教信仰を追究して「人間の同伴者イエス」という視点を見つけ、生涯のテーマとする。〝転び〟を許す神を描いた『沈黙』は、カトリック世界を中心に大きな反響を呼び起こした。平成七年文化勲章受章。

＊14 **梅崎春生**（うめざきはるお）　小説家。大正四年〜昭和四十年。福岡県生まれ。東大国文科卒。昭和十九年召集を受け、敗戦まで九州の海軍基地を転々としたが、その時の体験をもとに『桜島』を書き、出世作となる。昭和二十九年、『ボロ家の春秋』で直木賞を受賞。作家として大成を期待されたが、五十歳の若さで病死した。中篇の秀作『幻化』が遺作になった。

＊15 **中野重治**（なかのしげはる）　小説家・詩人・評論家。明治三十五年〜昭和五十四年。福井県生まれ。東大独文科卒。在学中から、プロレタリア文学運動に参加して詩や評論を発表。昭和六年共産党入党。戦時中は活動を禁じられていたが、『歌のわか

れ』などの小説、『斎藤茂吉ノオト』などの評論で文学的抵抗を試み、戦後は「新日本文学会」による民主主義文学運動の中心として活動。二十九年には自伝的長編小説『むらぎも』を発表。昭和三十九年共産党を除名され、その直後から、『甲乙丙丁』を四年にわたって執筆。終生の様々な活動を長大な小説に表現して高い評価を得た。

＊16**河盛好蔵**（かわもりよしぞう）　仏文学者・評論家。明治三十五年〜平成十二年。大阪府堺市生まれ。東大仏文科に入学するが、すぐに京大に転校。卒業後、昭和三年から五年までフランスに留学。モンテーニュなどのモラリスト文学を学ぶ。帰国後、立教大学教授。戦後は教育大、共立女子大などで教鞭をとる。アンドレ・モーロワの作品の翻訳、文芸批評の分野で多くの著作を刊行。労作『フランス文壇史』や晩年の随筆『パリの憂愁』なども高い評価を得た。昭和六十三年文化勲章受章。

＊17**丹羽文雄**（にわふみお）　小説家。明治三十七年〜平成十七年。三重県四日市市の浄土真宗の寺の長男として生まれる。早大国文科で、二級先輩の尾崎一雄に大きな感化を受ける。卒業後、生家の寺で僧侶生活を始めたが、作家を志して家出。昭和文壇で一、二を争う多作作家で、戦時中、ツラギ沖海戦の体験を書いた秀作『海戦』や、幼年期に出奔した母を扱った「生母もの」なども評判を得た。戦後の『厭がらせの年齢』は世評高く、晩年にかけて『親鸞』や『蓮如』など仏教に深く傾斜した長編小説も話題となった。昭和五十二年文化勲章受章。

＊18**佐藤春夫**（さとうはるお）　詩人・小説家。明治二十五年〜昭和三十九年。和歌山県新宮生まれ。中学卒業後上京。生田長江、与謝野鉄幹・晶子夫妻に師事。また終生の友となる堀口大學と出会う。明治四十三年慶大予科文学部に入学。雑誌「スバル」などに詩を発表。その後大学を中退。大正六年から雑誌に小説を発表。代表作となる『田園の憂鬱』の第一稿、『病める薔薇』をこの年に発表、谷崎潤一郎から絶賛された。大正十年『殉情詩集』刊行。その後、中篇小説『都会の憂鬱』、評論随筆集『退屈読本』など次々に話題作を刊行、大正末期には芥川、谷崎をもしのぐ名声を得ていた。戦後の代表作には、長編『晶子曼荼羅』がある。昭和三十五年文化勲章受章。

＊19**奥野信太郎**（おくのしんたろう）　中国文学者・随筆家。明治三十二年〜昭和四十三年。東京生まれ。慶大文科卒。昭和十一年北京に留学。帰国後に出した随筆集『随想北京』で注目された。戦後は母校で教鞭をとる傍ら、多くの名随筆を著した。

＊20**武田泰淳**（たけだたいじゅん）　小説家。明治四十五年〜昭和五十一年。東京・駒込の寺の次男に生まれる。東大支那文学科を中退した翌年、竹内好らと「中国文学研究会」を創設。昭和十二年応召して二年間中支で軍隊生活を送る。十八年に評伝『司馬遷』を刊行。翌年、上海に渡る。中日文化協会に就職。終戦後帰国し、『蝮のすゑ』『風媒花』『ひかりごけ』『快楽』『富士』などを発表。戦後派の代表的作家。

＊21**中野孝次**（なかのこうじ）　独文学者・小説家・評論家。大正十四年〜平成十六年。

東大独文科卒。国学院大学で長く教鞭をとる。『実朝考』で文芸評論に入り、昭和五十三年からは『麦熟るる日に』に始まる自伝小説三部作を発表。晩年に書いた『清貧の思想』がベストセラーとなった。

＊22**小林多喜二**（こばやしたきじ）小説家。明治三十六年〜昭和八年。秋田県生まれ。小樽高商卒。労働運動に参加し、プロレタリア作家として活動。昭和四年、『蟹工船』を刊行して注目され、上京後、すぐに治安維持法違反などで投獄される。保釈後はますますプロレタリア文化芸術運動に専心、昭和八年、再び逮捕され、特高の拷問で虐殺された。プロレタリア文学の代表的作家。

＊23**青野季吉**（あおのすえきち）文芸評論家。明治二十三年〜昭和三十六年。新潟県生まれ。早大文科卒。プロレタリア文学運動初期の理論的指導者。評論集に『解放の芸術』『転換期の文学』などがある。戦後は文壇の中心にいた評論家。

＊24**宮本百合子**（みやもとゆりこ）小説家。明治三十二年〜昭和二十六年。東京生まれ。日本女子大英文科予科入学後まもなく、十七歳で書いた『貧しき人々の群』が「中央公論」に載り、これを機に作家生活に入る。昭和二年から三年間ソ連に滞在。帰国後、日本プロレタリア作家同盟に入り、後に日本共産党の議長になった宮本顕治と再婚。戦後は民主主義文学運動の指導的存在となった。代表作に、『伸子』『播州平野』『道標』などがある。

＊25**佐多稲子**（さたいねこ）　小説家。明治三十七年～平成十年。長崎市生まれ。貧困から小学校五年の時にキャラメル工場で働き始め、その後、様々な職業に就く。大正末年、窪川鶴次郎と結婚してから小説を書くようになり、昭和三年、処女作『キャラメル工場から』を発表。以後プロレタリア作家の道を歩む。代表作に、『くれなゐ』『私の東京地図』『溪流』『樹影』などがある。昭和五十八年、苦難をともにした作家中野重治の死を悼んだ『夏の栞』が毎日芸術賞を受賞。

＊26**宇野浩二**（うのこうじ）　小説家。明治二十四年～昭和三十六年。福岡市生まれ。早大英文科中退。大正期に発表した代表作『蔵の中』『苦の世界』はユーモアのある軽妙な語り口で多くの読者を獲得した。大病の後、昭和八年に書いた『枯れ木のある風景』以後は作風が変わり、冷めた人生観察に貫かれた文体になった。戦後の代表作には『思ひ川』がある。

＊27**畔柳二美**（くろやなぎふみ）　小説家。明治四十五年～昭和四十年。北海道千歳市生まれ。佐多稲子に師事。小説の最初の発表は昭和二十四年の『夫婦とは』から。昭和二十七年の『姉妹』で毎日出版文化賞受賞。

＊28**平林たい子**（ひらばやしたいこ）　小説家。明治三十八年～昭和四十七年。長野県諏訪市生まれ。諏訪高女卒業後、上京。初めアナーキストと付き合い、昭和二年『施療室にて』で、プロレタリア文学の有力新人としてデビュー。戦後の代表作は『かう

いふ女』『私は生きる』など。
＊29**小田切秀雄**（おだぎりひでお）　文芸評論家。大正五年～平成十二年。東京生まれ。法政大国文科卒。昭和十六年の『万葉の伝統』で注目される。戦後は、「近代文学」の創刊、新日本文学会の設立に参加。また共産党に入党、民主主義文学運動のリーダー的存在となったが、後に共産党からは脱退した。代表的評論に『民主主義文学論』『日本近代文学の思想と状況』などがある。
＊30**正宗白鳥**（まさむねはくちょう）　小説家・劇作家・評論家。明治十二年～昭和三十七年。岡山県生まれ。十三歳で旧藩校だった閑谷黌に入学し、漢学と英語を学ぶ。内村鑑三の強い影響から、上京後、洗礼を受ける。東京専門学校（現早大）文学科卒。明治四十一年刊行の短編集『何処へ』で、自然主義派の新人として注目を浴びる。その後、大正期にかけて発表した『微光』『入江のほとり』などの短編小説によって、自然主義文学の中心的存在となった。昭和初期には評論家として重鎮と呼ばれた。昭和二十五年文化勲章受章。昭和三十年代に近親者の死を描いた『今年の秋』『リー兄さん』は晩年の代表作。
＊31**坪内逍遥**（つぼうちしょうよう）　小説家・評論家・劇作家。安政六年～昭和十年。美濃国（現岐阜県）生まれ。東京専門学校（現早大）で教鞭をとりながら、小説『当世書生気質』や日本最初の文芸評論というべき『小説真髄』などを発表して評判とな

る。一方で、シェイクスピアの作品の翻訳研究、さらに演劇分野でも、演劇研究所を作ってイプセンやシェイクスピアの戯曲の上演活動に携わり、多くの実績を残した。

＊32**二葉亭四迷**（ふたばていしめい）　小説家。文久四年〜明治四十二年。江戸の生まれ。東京外語学校露語部中退。坪内逍遥に刺激されて文学の道に進み、明治二十年『浮雲』を刊行。言文一致体で書かれたこの小説は日本の近代小説の先駆となり、後の作家たちに大きな影響を与えた。ツルゲーネフの『あひびき』など、ロシア文学の翻訳でも先駆的役割を果たした。他に、長編小説『其面影』などがある。

＊33**内田魯庵**（うちだろあん）　評論家・小説家・翻訳家。慶應四年〜昭和四年。初め文芸批評で出発。二葉亭四迷と親交を深め、明治二十五年、ドストエフスキーの『罪と罰』を翻訳刊行して注目された。その後、社会派小説も書いたが、明治四十年前後からロシア文学の翻訳、なかでもトルストイ『復活』が評判となり、自然主義文学の作家たちにも影響を与えた。

＊34**広津柳浪**（ひろつりゅうろう）　小説家。文久元年〜昭和三年。肥前長崎の生まれ。明治二十二年、尾崎紅葉と知り合い、「硯友社」同人となる。『黒蜥蜴』『今戸心中』などの小説で下層階級の悲惨な現実を描き、「深刻小説」と呼ばれた。明治二十年代から三十年代にかけて、樋口一葉と並んで当代を代表する作家となった。

＊35**吉行淳之介**（よしゆきじゅんのすけ）　小説家。大正十三年〜平成六年。岡山市生

まれ。作家吉行エイスケの長男。東大英文科中退後、雑誌社の編集記者をしながら小説を書く。昭和二十九年『驟雨』で芥川賞。『娼婦の部屋』『砂の上の植物群』などの秀作、円熟期の『暗室』『夕暮まで』などほとんどの作品で、繊細かつ抑制の効いた文体によって人間の性と生の深淵を描こうとした。

＊36 **高山樗牛**（たかやまちょぎゅう）　評論家。明治四年〜三十五年。山形県生まれ。東大哲学科在学中に『滝口入道』を発表。その後雑誌「哲学雑誌」「太陽」などに拠って道徳主義的評論を次々発表し、明治後期の青年たちに人気を得たが夭折した。

＊37 **宮沢賢治**（みやざわけんじ）　詩人・児童文学者。明治二十九年〜昭和八年。岩手県花巻生まれ。盛岡高等農林卒。卒業後農村指導に献身。詩集『春と修羅』や日本の児童文学を代表する傑作『注文の多い料理店』『銀河鉄道の夜』などの作品を次々に書いたが、三十七歳で病没した。病床で記した手帳に『雨ニモマケズ』が遺されていた。

＊38 **福田陸太郎**（ふくだりくたろう）　比較文学者・詩人。大正五年石川県生まれ。東京文理大英文科卒。パリ大学で比較文学を専攻し、日本にフランス派の比較文学を導入。翻訳にはヘミングウエー『移動祝祭日』などがある。

＊39 **久保田万太郎**（くぼたまんたろう）　小説家・劇作家・俳人。明治二十二年〜昭和三十八年。東京浅草の生まれ。慶大文学部卒。「三田文学」に発表した小説『朝顔』

で作家デビュー。永井荷風に師事し、東京下町の人情を情緒的に描いた小説、戯曲で評判を得た。代表作に小説『春泥』など。俳人としても評価が高い。昭和三十二年文化勲章受章。

＊40**高村光太郎**（たかむらこうたろう）　詩人・彫刻家。明治十六年～昭和三十一年。東京下谷の生まれ。彫刻家高村光雲の長男。東京美術学校彫刻科卒業後、アメリカ、フランスに留学。彫刻ではロダンの、詩ではヴェルレーヌ、ボードレールの影響を受ける。帰国後、美術批評と詩作を始め、大正三年に『道程』を発表。口語自由詩で詩の新しい時代を開いた。昭和十六年、妻智恵子との出会いから死後の思いまで四十年間にわたった詩をまとめ、『智恵子抄』として刊行した。

＊41**中野好夫**（なかのよしお）　英文学者・評論家。明治三十六年～昭和六十年。松山市生まれ。東大英文科卒。母校でエリザベス朝の演劇を講じる一方、評論、随筆、伝記などで健筆を振るった。特に伝記文学には『アラビアのロレンス』『蘆花徳富健次郎』などの秀作がある。

＊42**瀧井孝作**（たきいこうさく）　小説家・俳人。明治二十七年～昭和五十九年。飛驒高山の生まれ。河東碧梧桐に認められて俳句の世界に入り、その後芥川龍之介、志賀直哉を知って小説を書き始めた。『無限抱擁』で評価され、作家生活を始める。小説から虚構を排する独特の私小説的作風で、代表作に『俳人仲間』などがある。

＊43**網野菊**（あみのきく）　小説家。明治三十三年〜昭和五十三年。東京麻布の生まれ。日本女子大英文科卒後、早大露文科にも学ぶ。生涯、志賀直哉を師とし、師に倣った簡潔な文体で小説を書き続けた。短編集『一期一会』など。

＊44**藤枝静男**（ふじえだしずお）　小説家。明治四十一年〜平成五年。静岡県生まれ。千葉医大卒。眼科医をしながら、志賀直哉に師事して私小説的作品を書き始め、次第に私小説の域を越えて独特な心境小説の作家になった。代表作に『愛国者たち』『悲しいだけ』など。

＊45**直井潔**（なおいきよし）　小説家。大正四年〜平成九年。広島市生まれ。中学卒業後公務員をしていたが、応召して中国へ出征。傷痍軍人となって、療養中に『暗夜行路』を読み、志賀直哉に励まされて小説を書くようになった。代表作『一縷の川』。

＊46**柴田錬三郎**（しばたれんざぶろう）　小説家。大正六年〜昭和五十三年。岡山県生まれ。慶大支那文学科卒。予科時代から小説を書き始め、戦後、佐藤春夫に師事。「三田文学」に発表した『イエスの裔』で直木賞受賞。昭和三十一年から「週刊新潮」に連載した眠狂四郎シリーズで、ニヒルな浪人ものという主人公設定が当時の世相にマッチし、剣豪小説ブームをつくった。

大久保房男（おおくぼふさお）　大正10年９月１日紀州熊野に生れる。慶應義塾大学国文科に学び、折口信夫に師事。学徒出陣で海軍予備学生となり、終戦により復学し、昭和21年９月卒業。同年11月講談社に入社し、「群像」編集部に入る。30年より41年まで同誌編集長。著書に小説『海のまつりごと』（藝術選奨文部大臣新人賞）『人間魚雷搭乗員募集』、エッセイ『文士と文壇』『文藝編集者はかく考える』『理想の文壇を』『文士とは』『文士のゴルフ』『終戦後文壇見聞記』。

写真提供・読売新聞社

日本語への文士の心構え

二〇〇六年十月二十日　第一刷発行

著　者　大久保房男
装　幀　山本ミノ
発行者　宮島正洋
発行所　株式会社アートデイズ
〒160―0008　東京都新宿区三栄町17　四谷和田ビル
電　話　（〇三）三三五三―二二九八
FAX　（〇三）三三五三―五八八七
http://www.artdays.co.jp
印刷所　凸版印刷株式会社